500 TESTS

PSYCHOTECHNIQUES, DE LOGIQUE ET D'INTELLIGENCE

Groupe Eyrolles
61 bd Saint-Germain
75240 Paris cedex 05

www.editions-eyrolles.com

Traduction : Kelly Rivière
Ce titre a fait l'objet d'un relookage (nouvelle couverture)
Le texte reste inchangé par rapport au tirage précédent

ISBN : 978-2-212-56408-2

Ken Russel - Philip Carter

500 TESTS
PSYCHOTECHNIQUES, DE LOGIQUE ET D'INTELLIGENCE

500 tests de logique à base de chiffres, formes, lettres et mots à résoudre

Deuxième tirage 2017

EYROLLES

Sommaire

Introduction

L'intelligence est la capacité à apprendre ou à comprendre. Cette aptitude, propre à chacun, reste approximativement la même durant toute la période de vie de l'individu.

Pour évaluer le QI – quotient intellectuel – d'un enfant, on lui fait passer un test standard, basé sur le score moyen enregistré pour chaque groupe d'âge. Ainsi, un enfant de 8 ans qui réussit le test d'un enfant de 10 ans, a un quotient intellectuel de 10 divisé par 8 et multiplié par 100, soit 1,25 x 100 = 125. Un enfant de 8 ans qui réussit un test destiné à un enfant de 8 ans, mais échoue à un test d'un enfant de 9 ans, a un QI de 8 divisé par 8 x 100, soit 1 x 100 = 100, ce qui est la norme.

Sachant que l'âge mental augmente de façon constante jusqu'à l'âge de 13 ans, puis ralentit progressivement jusqu'à 18 ans, après quoi il ne varie pas ou très peu, les adultes doivent être jugés sur un test de QI dont le score moyen est de 100. Leurs résultats sont ensuite estimés par rapport à cette norme (au-dessus ou en dessous) et en fonction des moyennes connues.

Bien que le QI soit considéré comme héréditaire et invariable tout au long de la vie, il est possible d'améliorer ses performances aux tests d'intelligence. En s'exerçant sur différents types de questions, une personne peut accroître son score de quelques points.

Les tests de QI sont établis et utilisés en partant du principe que ceux qui s'y soumettent ignorent tout de la méthode d'évaluation et de la logique des questions posées. Par conséquent, il est clair qu'en apprenant à vous y familiariser, vous pouvez améliorer vos scores. Tel est le but de ce livre. Il est certain que de bons résultats aux tests peuvent améliorer les perspectives d'embauche d'une personne et lui donner un bon départ dans la vie professionnelle.

Les tests ci-après ne sont pas standardisés. Ainsi, nous ne pouvons fournir une évaluation exacte du niveau du QI. Cependant, ce guide vous permet d'évaluer vos résultats à la fin de chaque test. Chaque épreuve doit se faire dans un temps limité de quatre-vingt dix minutes. Vous pouvez vous aider d'une calculatrice pour résoudre les questions d'ordre mathématique.

Il est important de préciser que les tests d'intelligence évaluent uniquement la capacité de chacun à raisonner. Ils ne mesurent en aucun cas les autres qualités, indispensables à la réussite, telles que le caractère, la personnalité, le talent, la persévérance et l'application.

Ainsi, une personne dotée d'un fort QI a de meilleures chances de réussir dans la vie, à condition qu'elle travaille avec assiduité et enthousiasme. De même, une personne dotée d'un QI moyennement élevé, mais capable de s'appliquer avec constance et ténacité, obtiendra de meilleurs résultats qu'une personne au QI très élevé.

TEST 1 - Questions

1. Quel est le synonyme du mot en lettres capitales ?

   IRRÉFUTABLE (perdu, sûr, sage, stable, optimal).

2. Trouvez le chiffre qui doit remplacer le point d'interrogation.

7	5	6	6
5	4	3	4
2	9	4	?

3. Quel est l'intrus ?
   transcender, dégringoler, s'effondrer, s'affaisser, descendre.

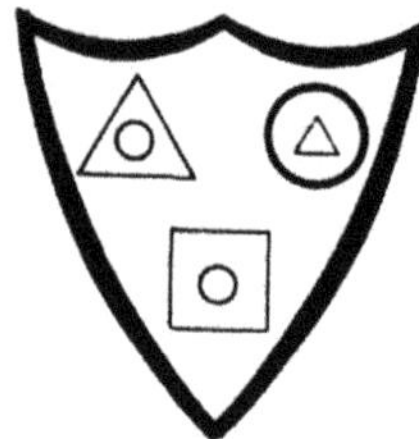

4. Lequel des écussons suivants ressemble le plus à celui présenté ci-dessus ?

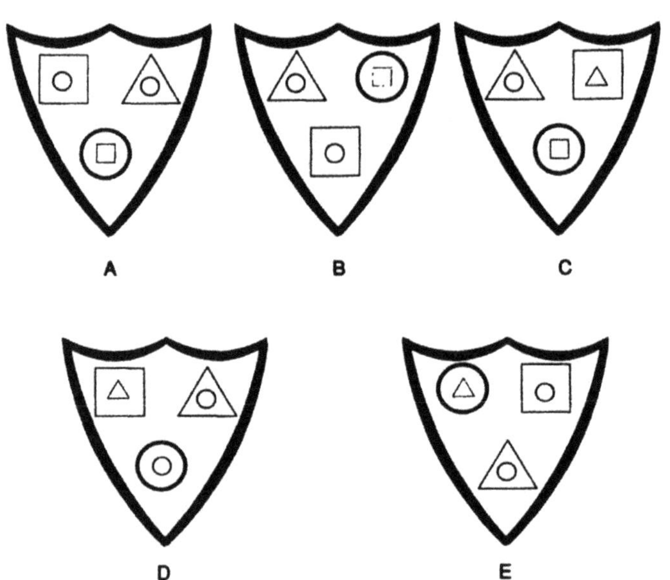

5.

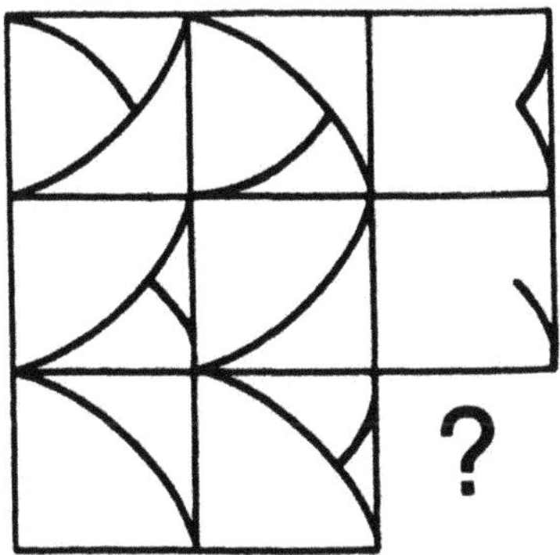

Quel est le carré qui doit remplacer le point d'interrogation ?

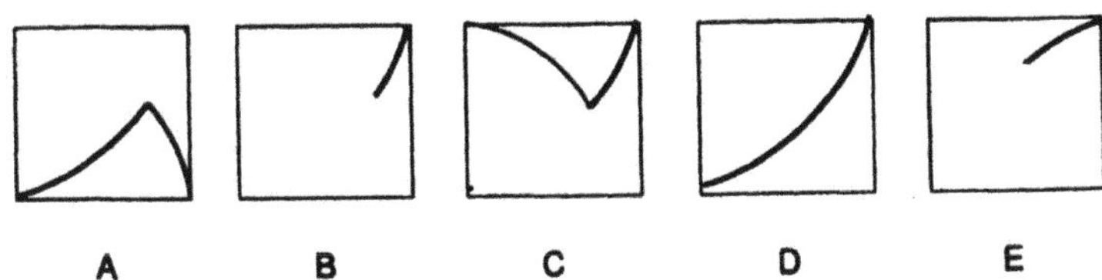

6. Un train roule à une vitesse de 144 km/h lorsqu'il entre dans un tunnel de 5,6 km de long. Le train mesure 400 mètres de long (0,4 km). Combien de temps lui faut-il pour traverser le tunnel, entre le moment où l'avant du train passe dans le tunnel et celui où l'arrière en sort ?

7. Quelle est la suite logique de la ligne ci-dessus ?

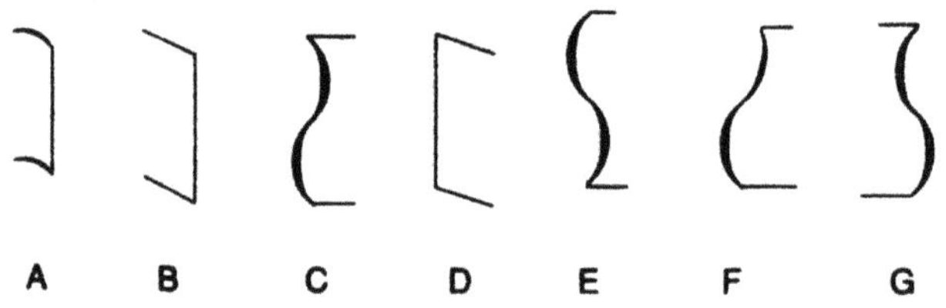

8. Trouvez le nombre qui doit remplacer le point d'interrogation.

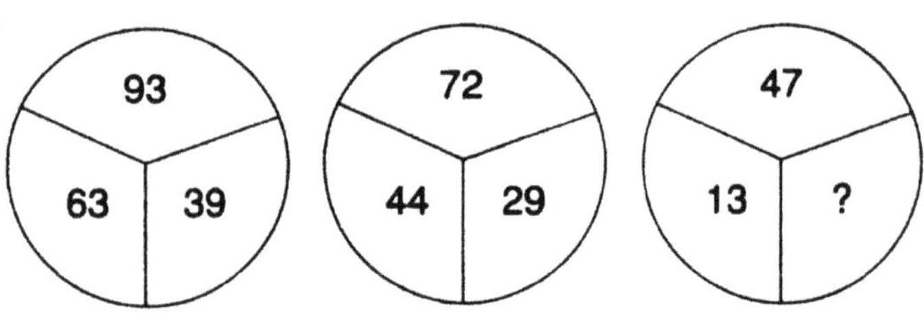

9. Dans la suite ci-dessous, quelle lettre se situe à deux lettres à droite de la lettre immédiatement à gauche de la lettre à trois lettres à droite de la lettre à deux lettres à gauche de la lettre D ?
A, B, C, D, E, F, G, H.

10. Trouvez le chiffre qui doit remplacer le point d'interrogation.

2	7	
9	3	7
	6	6
		5

9	4	
6	2	?
	7	2
		3

11. Trouvez l'intrus :

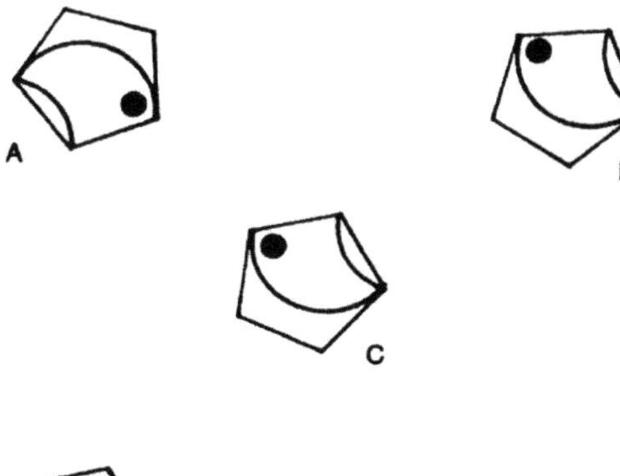

12. Quelle lettre doit remplacer le point d'interrogation ?

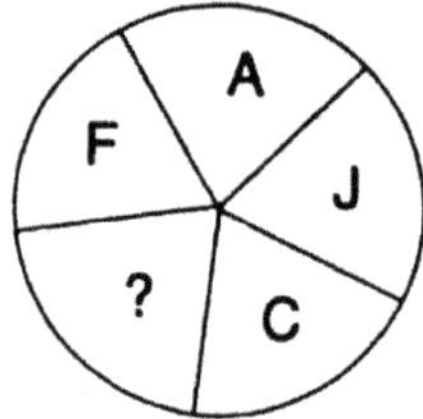

13. Trouvez le nombre qui doit remplacer le point d'interrogation.

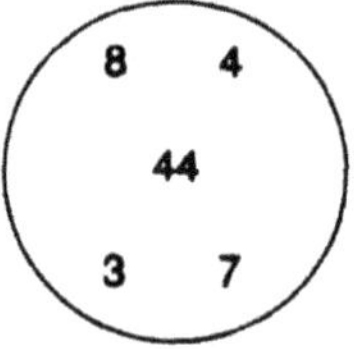

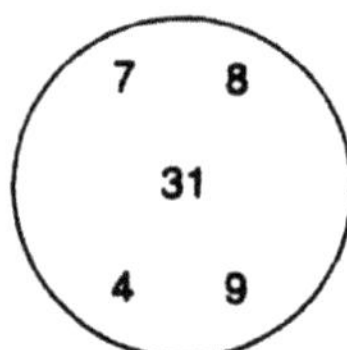

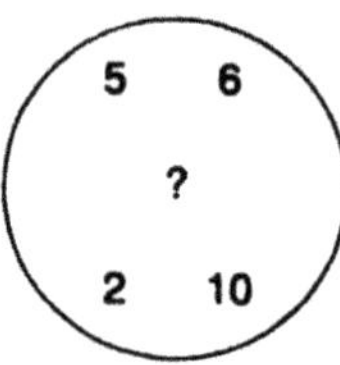

14. Lequel de ces mets associe-t-on toujours à une entrecôte ?
    anguille ;
    crème ;
    riz ;
    steak.

15.

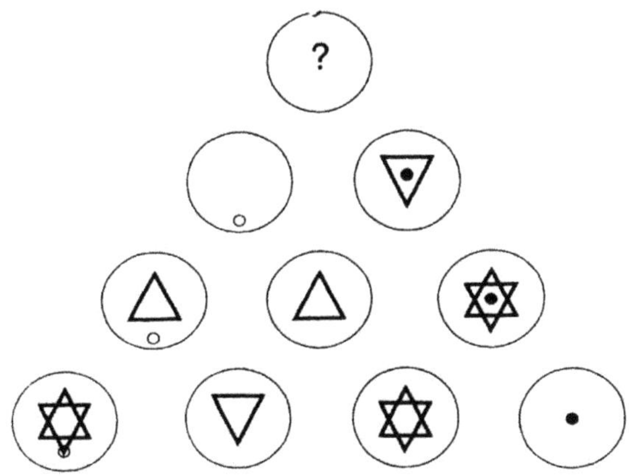

Trouvez le cercle, parmi ceux ci-dessous, qui doit remplacer le point d'interrogation.

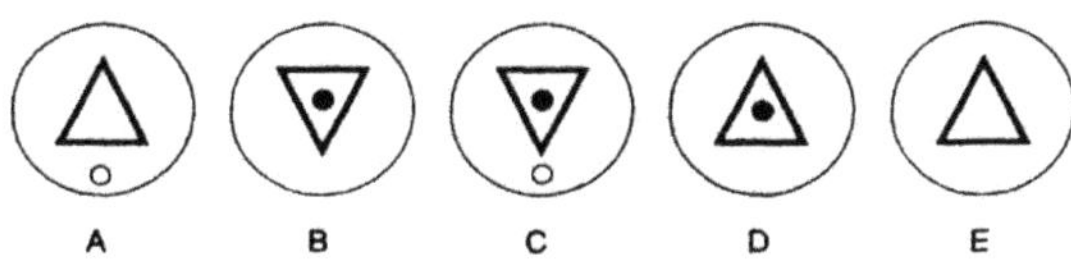

16. Trouvez le nombre qui doit remplacer le point d'interrogation.

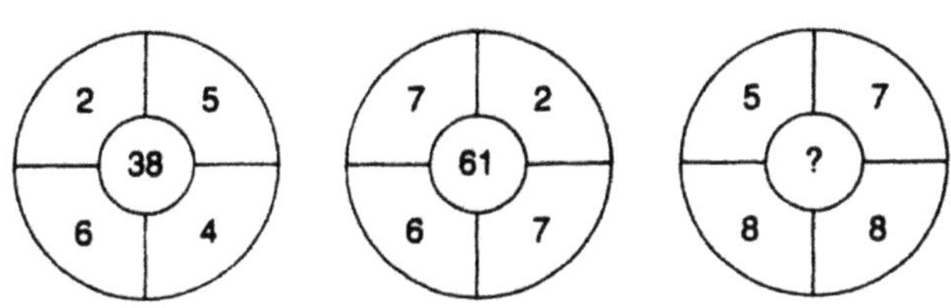

17.

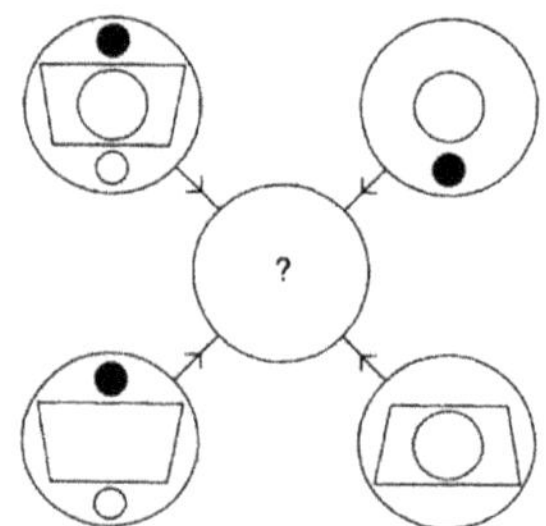

Chaque ligne et chaque symbole des quatre cercles extérieurs ci-dessus sont reportés dans le cercle du milieu suivant les règles suivantes : si un symbole ou une ligne apparaît dans les cercles extérieurs :
1 fois : il ou elle est reporté(e) dans le cercle au centre ;
2 fois : il ou elle n'est pas obligatoirement reporté(e) ;
3 fois : il ou elle est reporté(e) ;
4 fois : il ou elle n'est pas reporté(e).

Lequel de ces cercles, A, B, C, D ou E, devrait-on placer au centre du diagramme montré ci-dessus ?

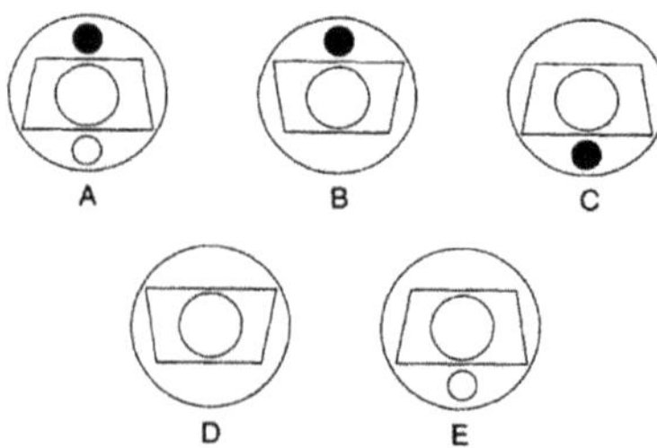

18. Replacez les voyelles pour former un mot :

C, R, P, C

19. Qu'est-ce qu'une célosie ?

du poivre ;
un cheval ;
une fleur ;
une architrave.

20. À combien de minutes sommes-nous de midi, si quinze minutes plus tôt, l'heure équivalait à quatre fois plus de minutes passées de 9 heures ?

21. Quels sont les deux synonymes ?
boycotter, plaider, proscrire, sanctionner, postuler, destiner à.

22. Trouvez les lettres manquantes pour former un mot dans le sens des aiguilles d'une montre.

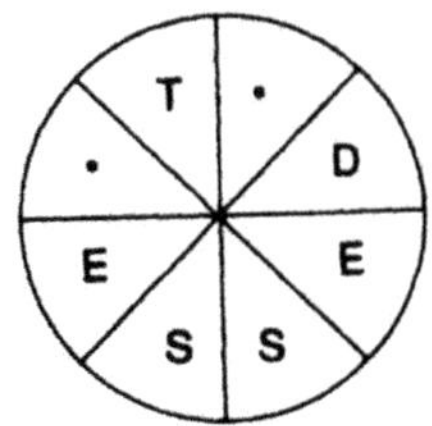

23.

Quel est l'écusson qui doit remplacer le point d'interrogation ?

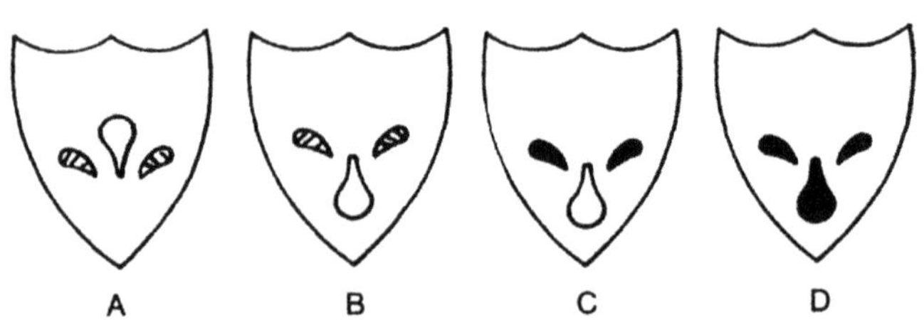

24. « Combien y a-t-il de marches jusqu'au sommet de la tour Eiffel ? », demande le touriste. « 896 marches, plus la moitié du nombre de marches », répond le gendarme. Quel est le nombre de marches ?

25.

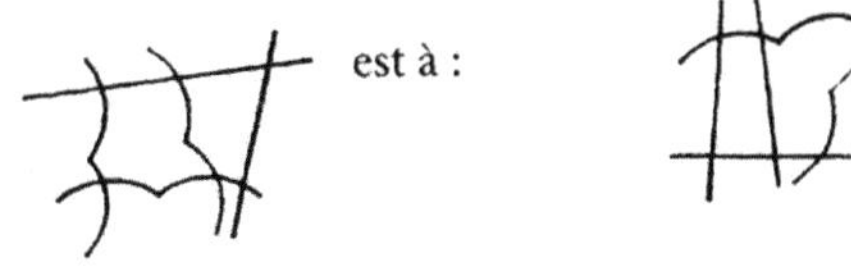

ce que

est à :

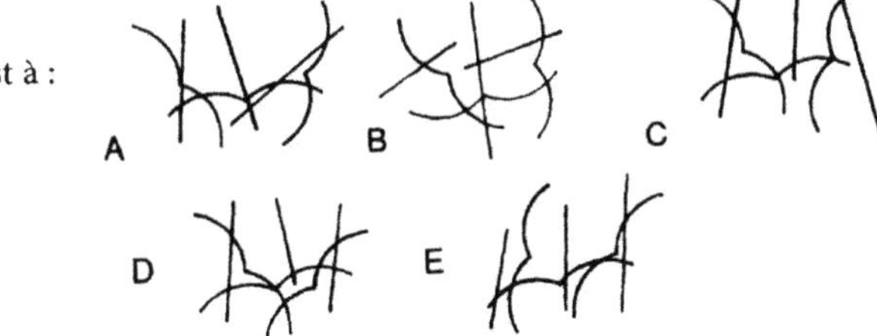

TEST 1 - Réponses

1. Sûr.

2. Additionnez les trois premiers chiffres de chaque rangée, divisez la somme obtenue par 3 pour obtenir le résultat final : 2 + 9 + 4 = 15/3 = 5.

3. Transcender : contrairement aux autres verbes qui se rapportent tous à la chute, « transcender » signifie s'élever au-delà.

4. La figure E. Elle contient un triangle dans un cercle, un cercle dans un carré et un cercle dans un triangle.

5. B. Le contenu du dernier carré de chaque ligne horizontale et verticale est déterminé par le contenu des deux premiers carrés. Les lignes des deux premiers carrés sont reproduites dans le dernier carré, sauf lorsque deux lignes sont positionnées de façon identique. Dans ce cas, elles s'annulent.

6. 2 minutes 30 secondes.
   ((5,6 + 0,4) x 60/144) minutes = 6 x 60/144 = 2,5 minutes, soit 2 minutes 30 secondes.

7. E. Les quatre premières figures sont répétées dans le même ordre, mais seule la partie gauche est montrée.

8. 15. Additionnez le nombre de la case supérieure avec le nombre de la case de gauche, puis divisez la somme obtenue par 4 : 47 + 13 = 60/4 = 15.

9. F.

10. 5. Parcourez les colonnes de haut en bas et de gauche à droite : 96 + 427 = 523.

11. D. Les autres sont la même figure, pivotée.

12. O. Démarrez à la lettre A, puis sautez une case dans le sens des aiguilles d'une montre : AbCdeFghiJklmnO.

13. 38. (8 x 7 = 56) – (3 x 4 = 12) = 44 ; (7 x 9 = 63) – (4 x 8 = 32) = 31 ; (5 x 10 = 50) – (2 x 6 = 12) = 38.

14. Steak.

15. C. Chaque paire de cercles fusionne pour former le cercle de la ligne au-dessus, mais les symboles identiques s'annulent.

16. 96. (6 x 5) + (2 x 4) = 38 ; (6 x 2) + (7 x 7) = 61 ; (8 x 7) + (5 x 8) = 96.

17. C.

18. Carapace.

19. réponse c : une fleur.

20. 11 h 27. Soit 33 minutes avant midi. 4 x 33 = 132 minutes passées de 9 h = 11 h 12.

21. Boycotter, proscrire.

22. Desserts.

23. B. Chaque ligne horizontale contient une partie des trois différents symboles de gauche, de droite et du milieu.

24. 1792 marches (896 x 2).

25. D. Les lignes courbes deviennent droites et les lignes droites deviennent courbes.

TEST 2 - Questions

1.

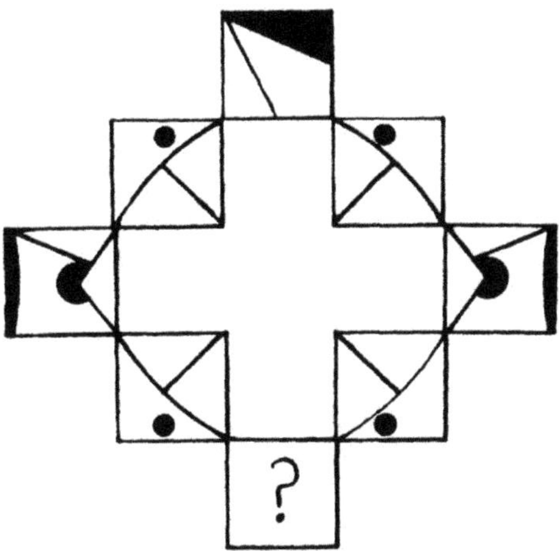

Trouvez, parmi les carrés ci-dessous, celui qui doit remplacer le point d'interrogation.

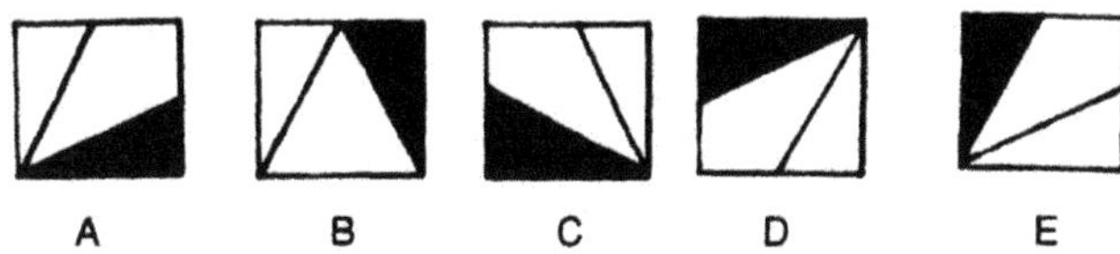

2. Trouvez le nombre qui doit remplacer le point d'interrogation.

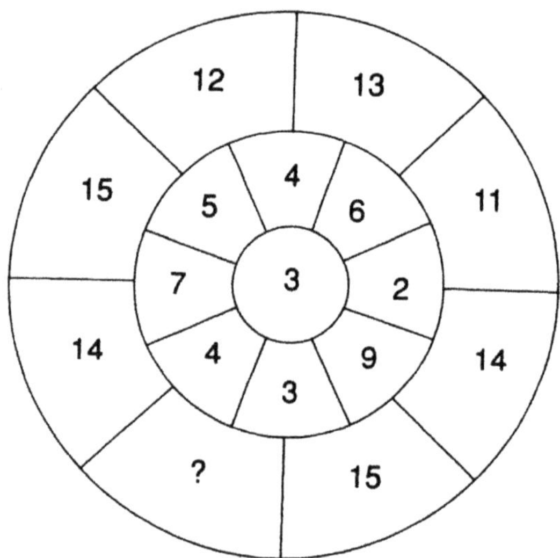

3. Cherchez l'intrus dans chaque carré ci-dessous.

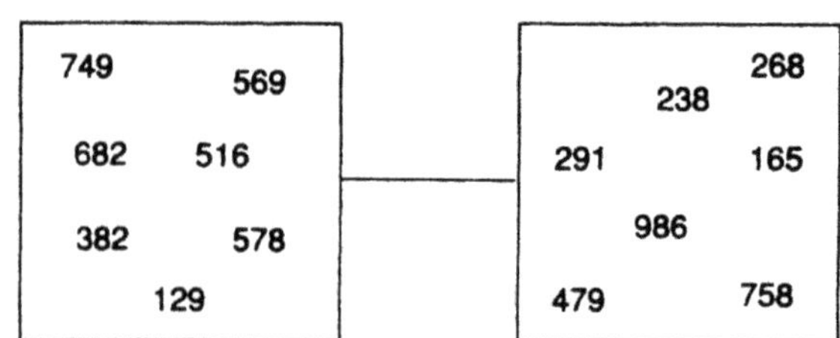

4.

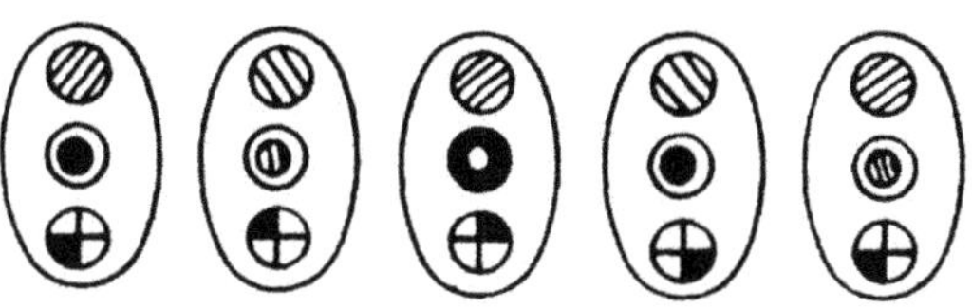

Quelle est la suite logique de la séquence ci-dessus ?

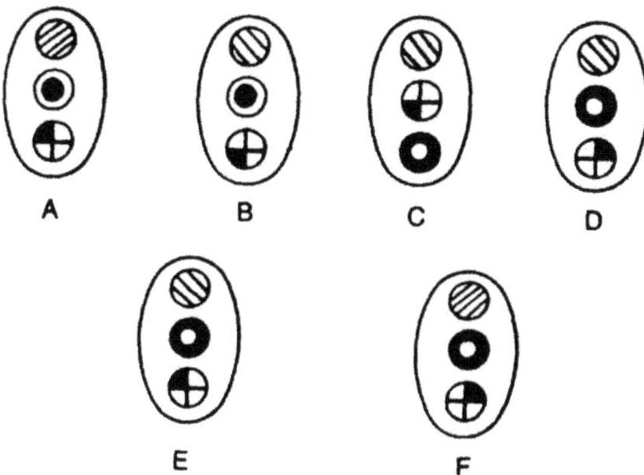

5. Quels sont les deux synonymes ?
discipline, schisme, cloque, fragment, dissidence, signal.

6. Quels sont les deux synonymes ?
prodigue, réservé, propre, rêche, généreux, anormal.

7.

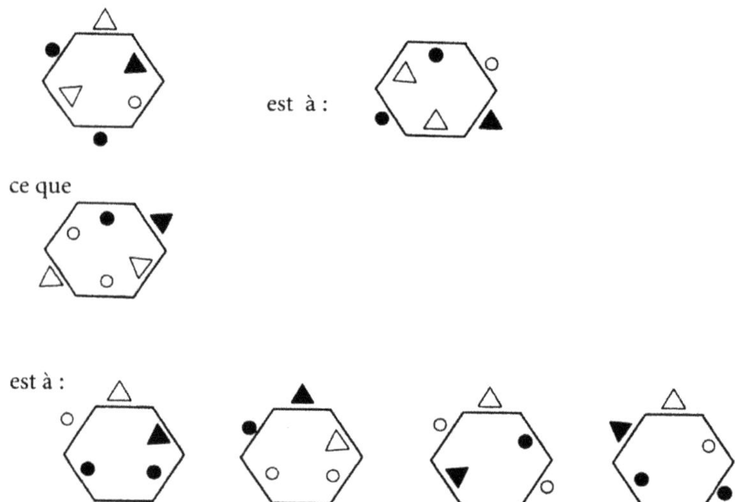

A B C D

8. Trouvez le chiffre qui doit remplacer le point d'interrogation.

9. Trouvez le nombre qui doit remplacer le point d'interrogation.

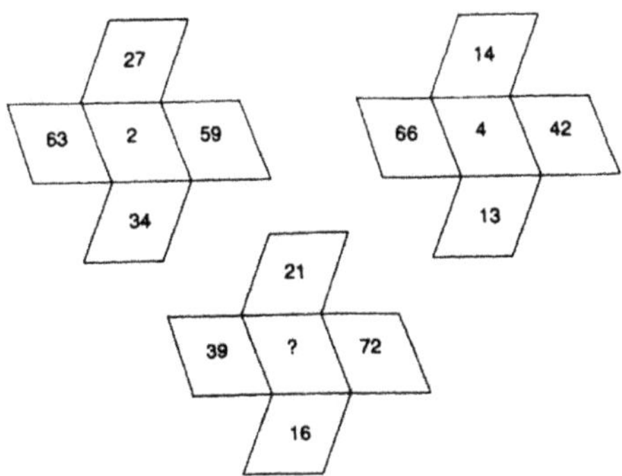

10. Quelle est la suite de la série ci-dessous ?
½, 2/3, 1 5/27, ?

11. Parmi les groupes de quatre lettres ci-dessous, réunissez-en deux de façon à former un mot composé de huit lettres :
CONT PINE LLON BANT INUI EFFI CALA DINE TERA PAPI

12. Quelle est la suite de la série ci-dessous ?
¼, 3/8, 9/16, 1 17/64, ?

13.

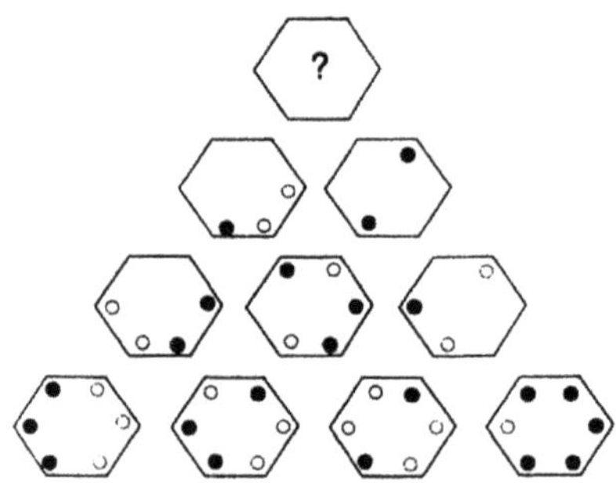

Trouvez l'hexagone, parmi les figures ci-dessous, qui doit remplacer le point d'interrogation.

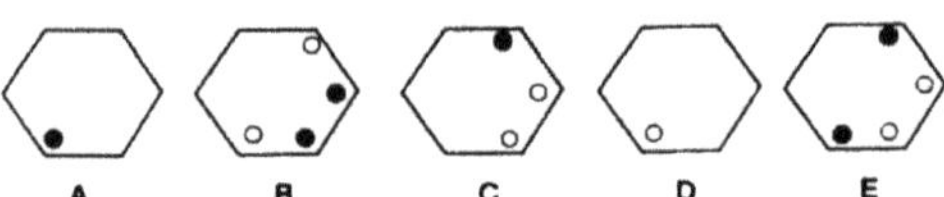

14. Trouvez l`e nombre qui doit remplacer le point d'interrogation.

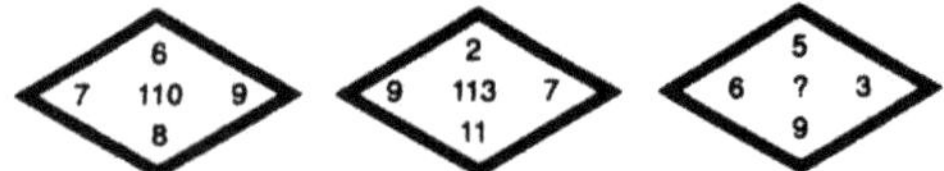

15.

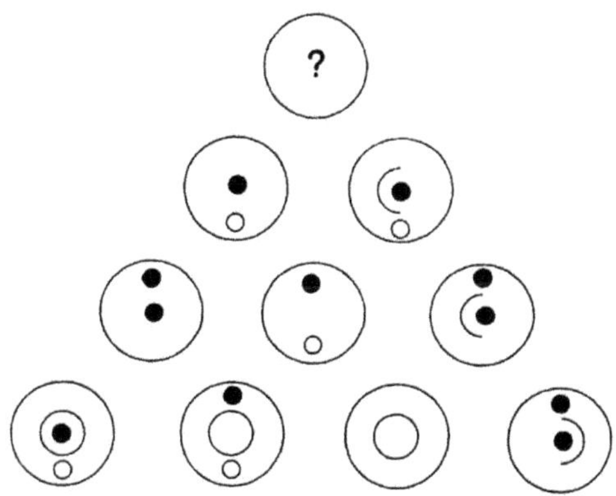

Trouvez le cercle, parmi ceux ci-dessous, qui doit remplacer le point d'interrogation.

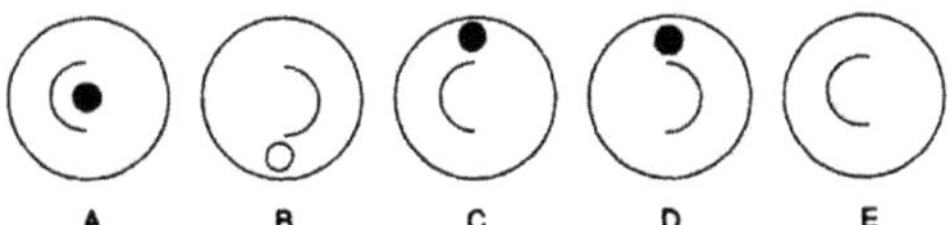

16. Qu'est-ce qu'une hacienda ?
une plante ;
un village ;
une chaîne de montagnes ;
un ranch ;
une danse.

17.

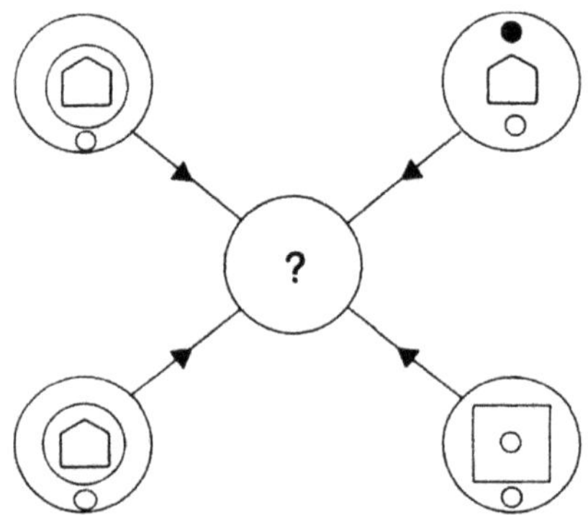

Chaque ligne et chaque symbole des quatre cercles extérieurs ci-dessus sont reportés dans le cercle du milieu suivant les règles suivantes : si un symbole ou une ligne apparaît dans les cercles extérieurs :
1 fois : il ou elle est reporté(e) dans le cercle au centre ;
2 fois : il ou elle n'est pas obligatoirement reporté(e) ;
3 fois : il ou elle est reporté(e) ;
4 fois : il ou elle n'est pas reporté(e).

Lequel de ces cercles, A, B, C, D ou E, devrait-on placer au centre du diagramme montré ci-dessus ?

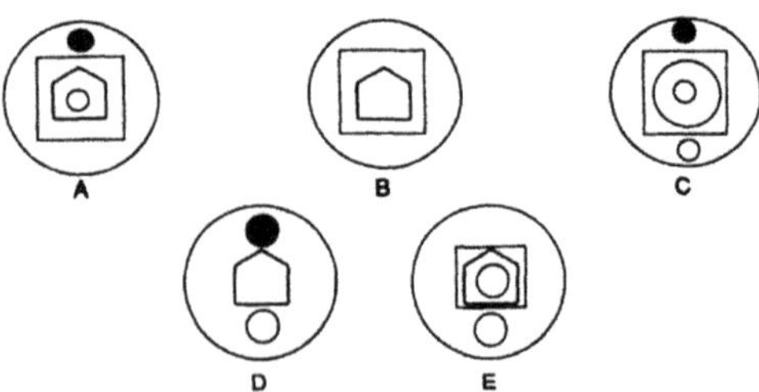

18. Lequel de ces ingrédients inclut-on toujours dans la recette de la frangipane ?
des framboises ;
du citron ;
du fromage ;
des amandes ;
du melon.

19. Trouvez le nombre qui doit remplacer le point d'interrogation.
8, 10, 9 ¾, 8 ¼, 11 ½, 6 ½, ?

20. Trouvez le nombre qui doit remplacer le point d'interrogation.

72	(68)	41
28	(98)	16
34	(??)	56

21. Trouvez le chiffre qui doit remplacer le point d'interrogation.

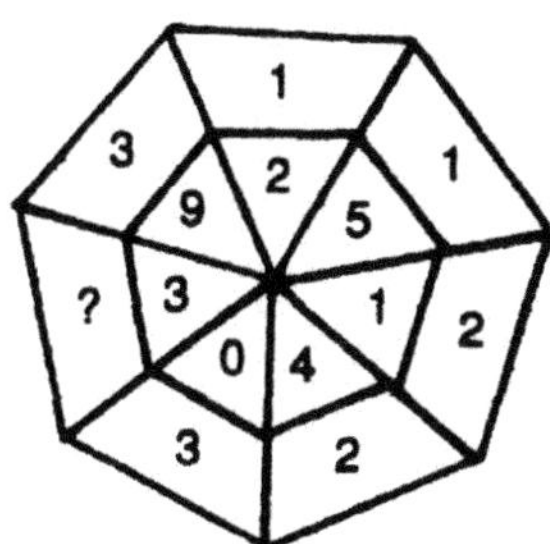

22.

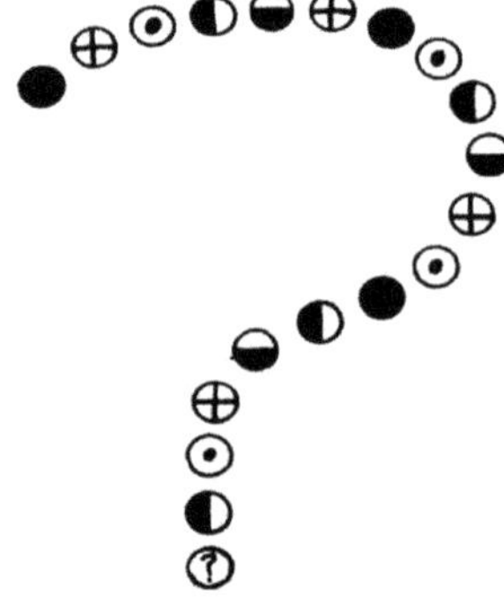

Trouvez, parmi les cercles ci-dessous, celui qui doit remplacer le point d'interrogation.

23. Trouvez le nombre qui doit remplacer le point d'interrogation.

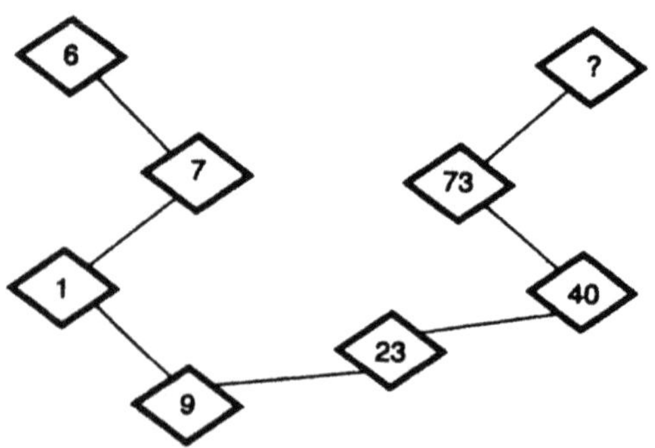

24. Quel est l'intrus ?

25.

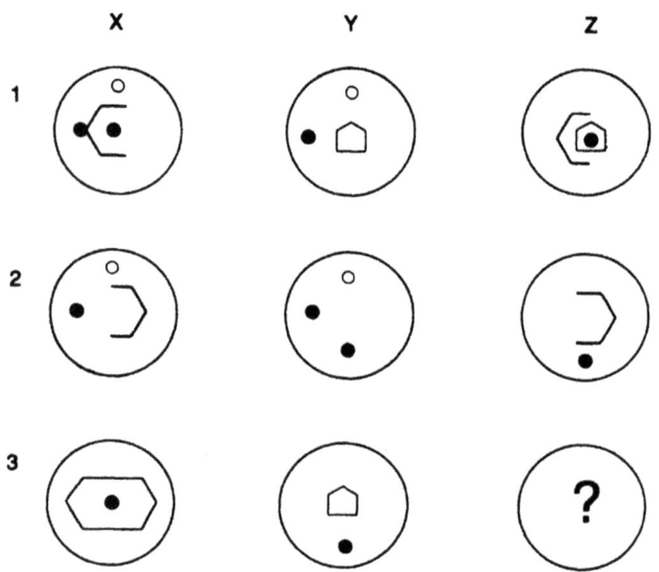

Trouvez la lettre qui doit remplacer le point d'interrogation, selon une logique absolue.

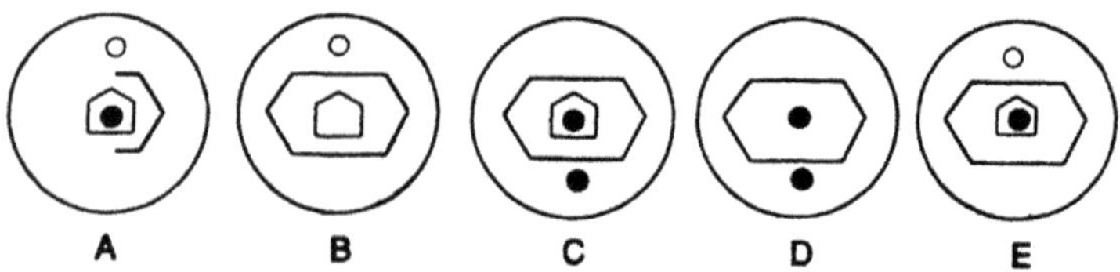

TEST 2 - Réponses

1. A. Les carrés diamétralement opposés sont des images inversées les uns des autres.

2. 10. Chaque nombre du cercle extérieur est la somme des deux chiffres des cases du cercle intérieur qui sont adjacentes à ce nombre, plus le chiffre du centre. Donc, 4 + 3 + 3 = 10.

3. 569 et 986. Tous les autres sont des paires d'anagrammes de nombres : 749/479, 682/268, 516/165, 382/238, 578/758 et 129/291.

4. E. La logique apparaît en observant chaque ligne de cercles. La ligne du haut alterne des rayures penchées à droite avec des rayures penchées à gauche. Dans la ligne du milieu, les trois premiers cercles sont répétés. Et dans la ligne du bas, le quartier noir se déplace à chaque fois d'une case dans le sens des aiguilles d'une montre.

5. Schisme et dissidence.

6. Prodigue et généreux.

7. D. Les symboles à l'extérieur de l'hexagone sont transférés à l'intérieur et ils changent de forme et de couleur. Ainsi, un cercle blanc à l'extérieur devient un triangle noir à l'intérieur.

8. 1. La somme des chiffres de chaque ligne verticale augmente à chaque fois du chiffre 1.

9. 3. 39 + 72 = 111, 21 + 16 = 37, 111 ÷ 37 = 3.

10. $1^{47/81}$ (x $1^{1/3}$)

11. Papillon.

12. $1^{115/128}$ (x 1,5).

13. D. Le contenu de chaque hexagone est déterminé par le contenu des deux hexagones placés juste en dessous de lui. Lorsque ces hexagones contiennent deux petits cercles identiques dans le même angle, ces cercles sont reproduits dans l'hexagone du dessus, mais ils changent de couleur (de noirs, ils deviennent blancs et inversement).

14. 69. (6 x 9 = 54) + (7 x 8 = 56) = 110 ; (2 x 7 = 14) + (9 x 11 = 99) = 113 ; (5 x 3 = 15) + (6 x 9 = 54) = 69.

15. E. Sur chaque ligne, les symboles de deux cercles fusionnent pour former le cercle au-dessus d'eux, mais les symboles identiques s'annulent.

16. Un ranch.

17. A.

18. Des amandes.

19. 13 ¼. Il y a deux séries qui alternent : + 1 ¾ et – 1 ¾ : 8, 9 ¾, 11 ½, 13 ¼ et 10, 8 ¼, 6 ½.

20. 99. 4 + 5 = 9,3 + 6 = 9

21. 3. En partant du haut, et en lisant dans le sens des aiguilles d'une montre, chaque nombre, formé par le chiffre de la ligne du haut et celui de la ligne du bas (dans cet ordre), correspond au nombre précédent plus la somme de ces chiffres.
Donc : 12 + 1 + 2 = 15, 15 + 1 + 5 = 21.

22. A. À partir du cercle noir, les cercles fonctionnent par groupe de 5. Le schéma se répète, mais le cercle noir avance à chaque fois d'une place.

23. 145. On obtient chaque nombre en additionnant les 4 nombres précédents.

24. A. C et D sont les mêmes figures, mais les parties blanches et noires ont été inversées. Idem pour B et E.

25. C.

TEST 3 - Questions

1. Trouvez le nombre qui doit remplacer le point d'interrogation.

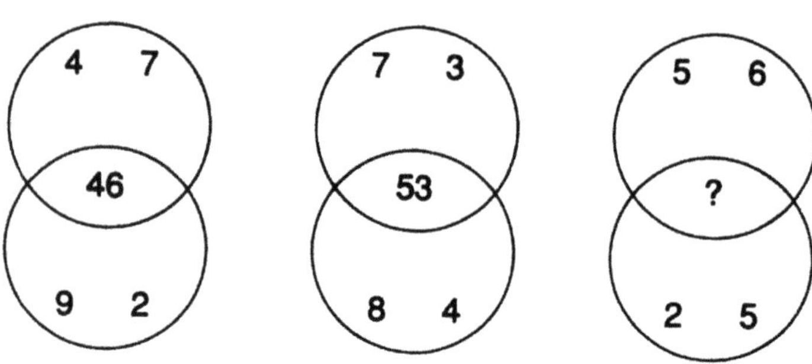

2. Qu'est-ce qu'un gros grain ?
   un plat ;
   une citerne ;
   un style de peinture ;
   un type de bois de construction ;
   un tissu.

3.

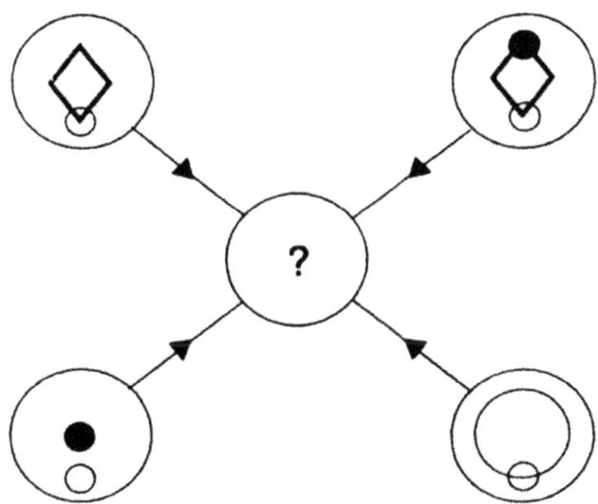

Chaque ligne et chaque symbole des quatre cercles extérieurs ci-dessus sont reportés dans le cercle du milieu suivant les règles suivantes : si un symbole ou une ligne apparaît dans les cercles extérieurs :
1 fois : il ou elle est reporté(e) dans le cercle au centre ;
2 fois : il ou elle n'est pas obligatoirement reporté(e) ;
3 fois : il ou elle est reporté(e) ;
4 fois : il ou elle n'est pas reporté(e).

Lequel de ces cercles, A, B, C, D ou E, devrait-on placer au centre du diagramme montré ci-dessus ?

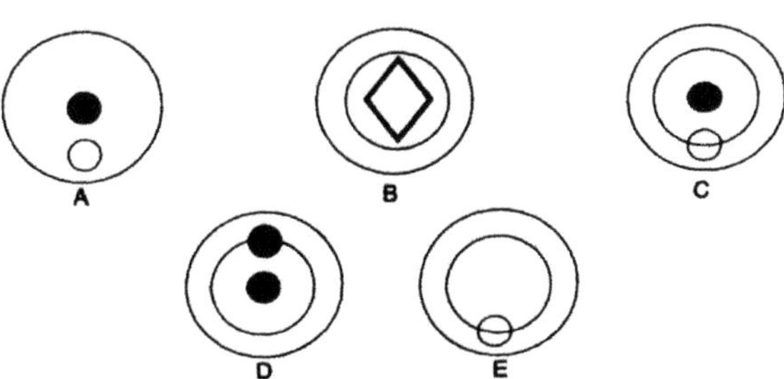

4. Combien de cercles contiennent un petit point noir ?

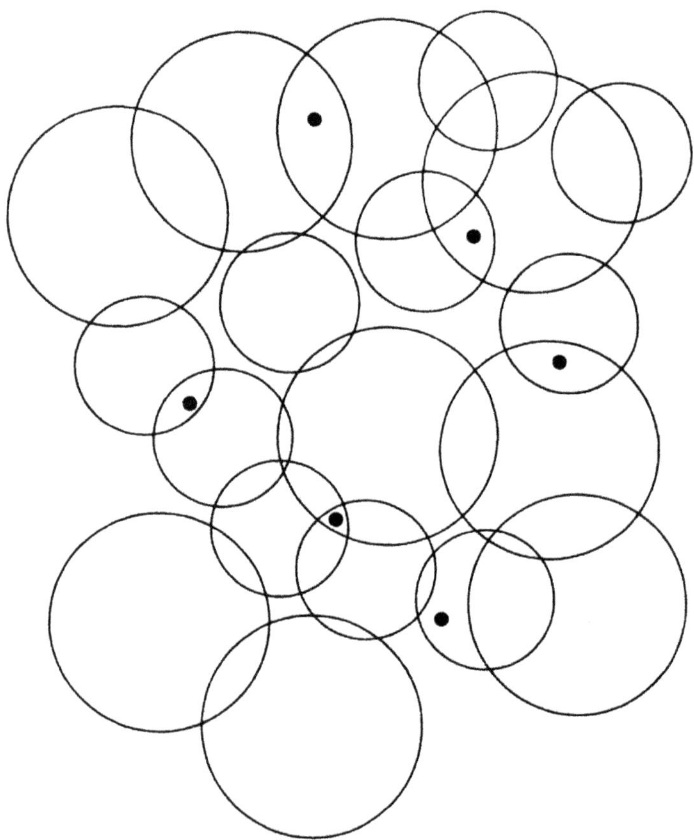

5. Quel est l'intrus ?
anthère, fleur, stigmate, pétale, nectar.

6. Complétez la dernière rangée.

7	4	9	2
11	16	9	13
22	20	24	25
?	?	?	?

7. Quel est le prochain nombre de cette suite ?
759, 675, 335, 165, ?

8. Trouvez les deux groupes de trois lettres qui, réunis, forment un nom de fruit :
SES SQU CAS ARR AST SIS POS ACE WHI NDY

9.

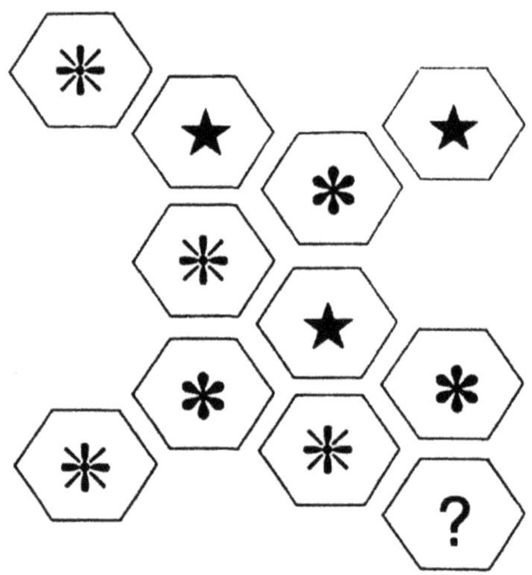

Trouvez le symbole qui doit remplacer le point d'interrogation.

10. Quel est le synonyme de léthargie ?
immunité, inactivité, franchise, tendance.

11.

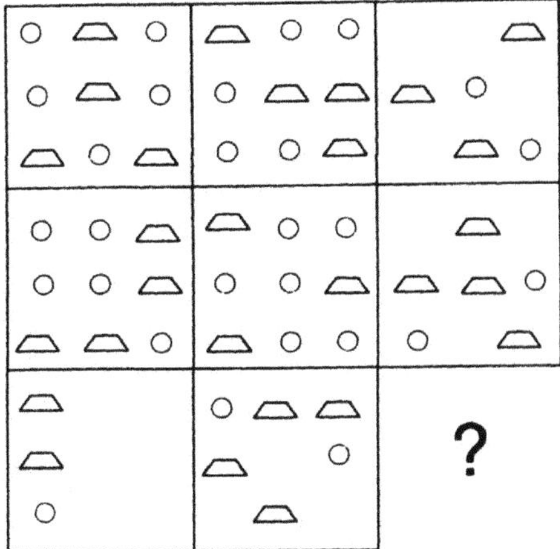

Quel carré choisir, parmi ceux présentés ci-dessous, pour remplacer le point d'interrogation ?

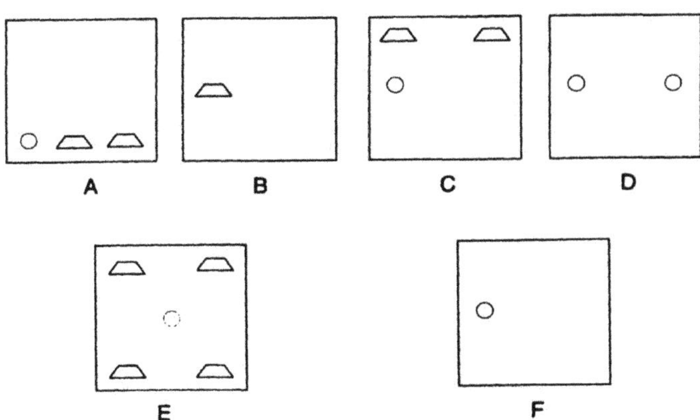

12. Complétez les chiffres de la dernière colonne.

15	20	19	20
14	23	9	?
5	15	24	?

13. Trouvez les nombres qui doivent remplacer les points d'interrogation.

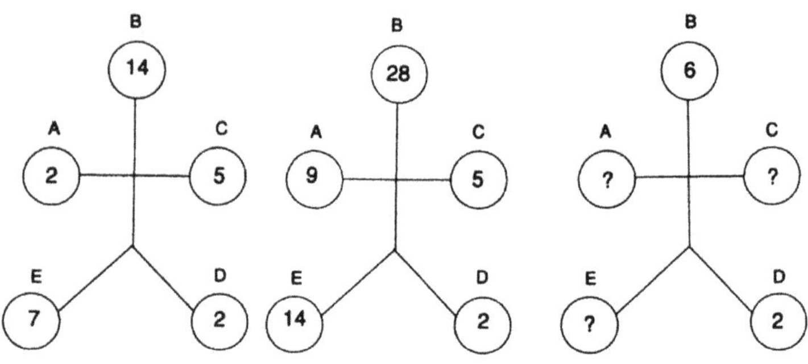

14. Trouvez le nombre qui doit remplacer le point d'interrogation.

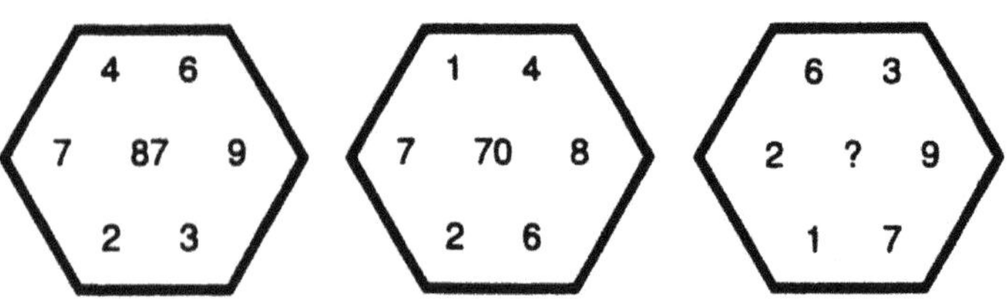

15. Trouvez la lettre qui doit remplacer le point d'interrogation.

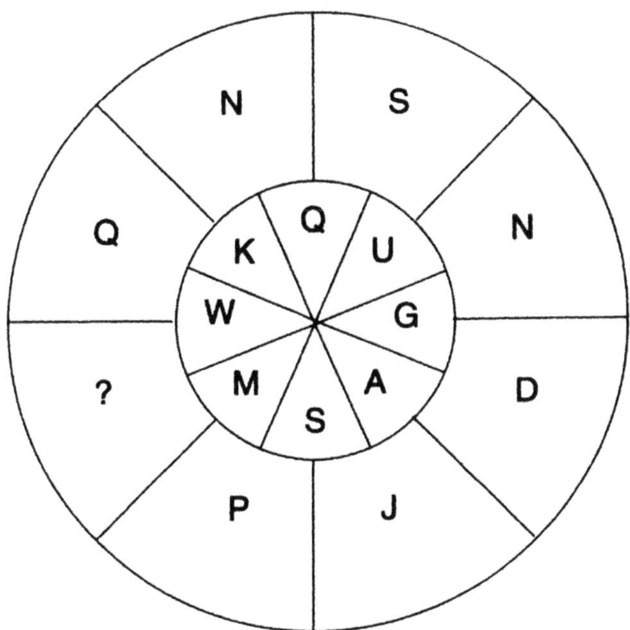

16. Qu'est-ce qu'un jacana ?
un oiseau ;
un poisson ;
un insecte ;
un animal.

17.

Quelle est la suite de la séquence ci-dessus ?

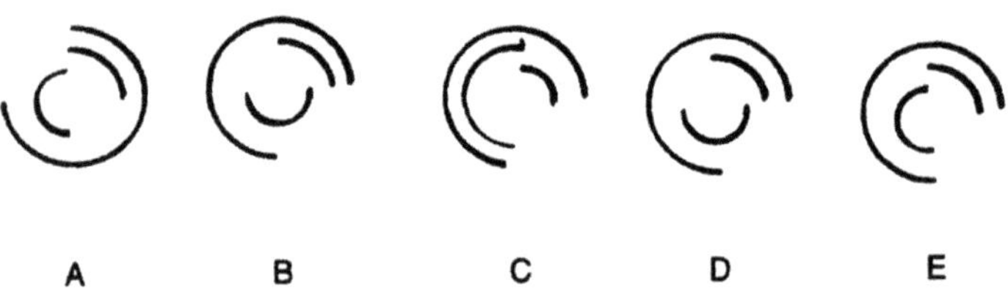

18. Un bus roule pendant la moitié de son trajet sur autoroute, à une vitesse moyenne de 64 km/h, et la seconde moitié de son trajet, à une vitesse moyenne de 96,5 km/h. Quelle est la vitesse moyenne pour la totalité de son trajet ?

19. Qu'est-ce qu'une épopée ?
un poème épique ;
une arme ;
un monocle ;
une petite barbe.

20. Dans la grille ci-dessous, chacun des neuf carrés, de 1A à 3C, doit inclure toutes les lignes et tous les symboles des carrés qui comportent la même lettre et le même numéro dans la colonne de gauche et la rangée du dessus. Par exemple, le carré 2B doit comporter les mêmes lignes et les mêmes symboles que le carré 2 et le carré B.
Un des carrés est incorrect. Lequel ?

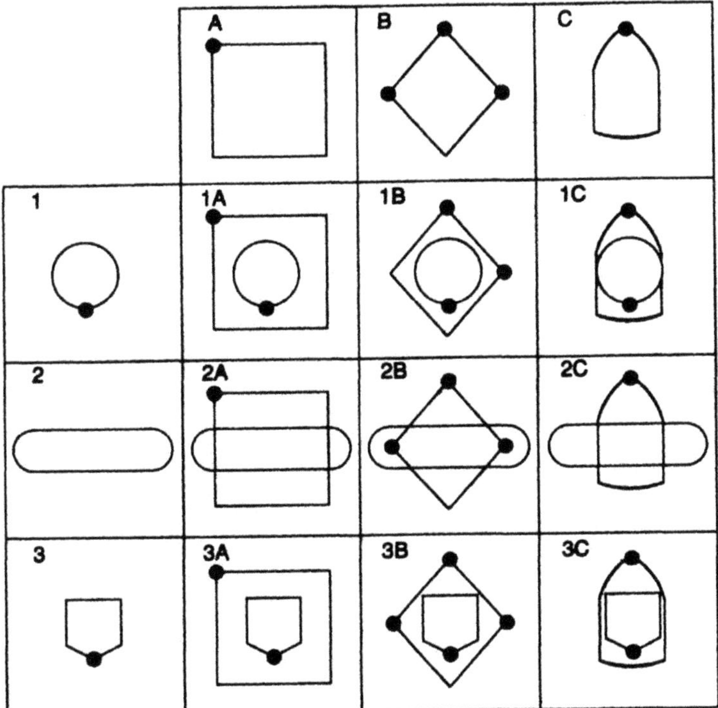

21. Depuis ma naissance, je reçois chaque année un gâteau d'anniversaire avec des bougies, une pour chaque année.

Jusqu'à ce jour, j'ai reçu 325 bougies. Quel est mon âge ?

22. Trouvez les lettres manquantes pour former un mot.

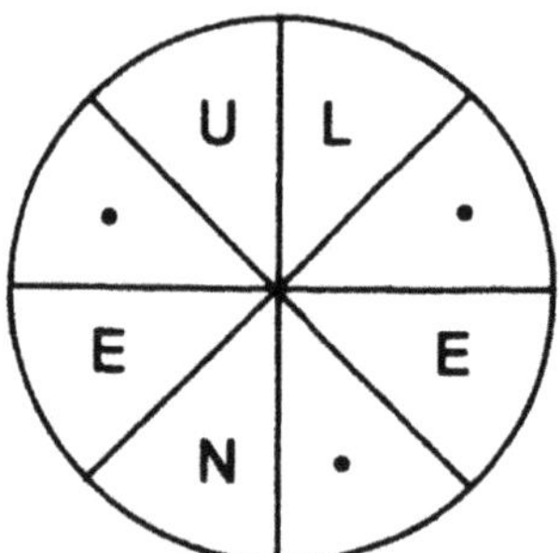

23.

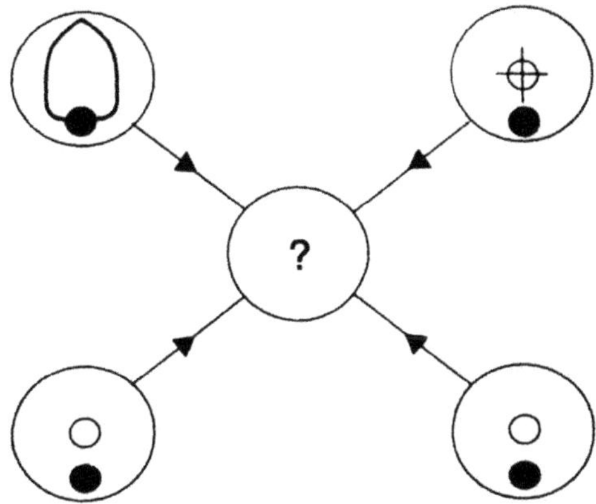

Chaque ligne et chaque symbole des quatre cercles extérieurs ci-dessus sont reportés dans le cercle du milieu suivant les règles suivantes : si un symbole ou une ligne apparaît dans les cercles extérieurs :

1 fois : il ou elle est reporté(e) dans le cercle au centre ;
2 fois : il ou elle n'est pas obligatoirement reporté(e) ;
3 fois : il ou elle est reporté(e) ;
4 fois : il ou elle n'est pas reporté(e).

Lequel de ces cercles, A, B, C, D ou E, devrait-on placer au centre du diagramme montré ci-dessus ?

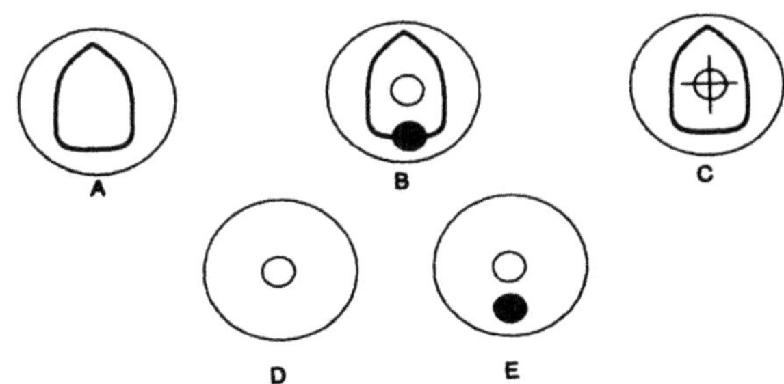

24. Parmi les personnages suivants, lequel ne fut pas président des États-Unis ?
RACRET
ROOVHE
PINCHAL
TAMRUN
SLIWNO

25. Trouvez l'intrus :
bazooka, obus, claymore, harpon, dyke, arquebuse.

TEST 3 – Réponses

1. 40. (4 x 7 = 28) + (9 x 2 = 18) = 46 ; (7 x 3 = 21) + (8 x 4 = 32) = 53 ; (5 x 6 = 30) + (2 x 5 = 10) = 40.

2. Un tissu.

3. D.

4. 12.

5. Fleur. La fleur est un tout, les autres mots décrivent seulement les parties d'une fleur.

6. 49, 46, 47, 44. Le système fonctionne par paires d'une rangée à l'autre : 7 + 9 = 16, 4 + 9 = 13, 9 + 2 = 11, 7 + 2 = 9. Donc, 22 + 24 = 46, 20 + 24 = 44, 24 + 25 = 49, 22 + 25 = 47.

7. 80. Pour obtenir chaque nombre, on multiplie le nombre formé par les deux premiers chiffres du nombre précédent par le troisième chiffre de ce même nombre : donc, 16 x 5 = 80.

8. Cassis.

9. C. de façon à ce que chaque colonne, composée de trois hexagones, contienne les trois différents symboles.

10. Inactivité.

11. F. Le contenu du dernier carré de chaque ligne et de chaque colonne est déterminé par le contenu des deux premiers carrés. Lorsque deux symboles identiques se trouvent au même emplacement dans les deux premiers carrés – et seulement dans ce cas – le symbole est reproduit dans le dernier carré. Dans ce cas, deux cercles deviennent un trapèze et deux trapèzes, un cercle.

12. 26 et 5. Chaque nombre correspond à une lettre suivant son classement dans l'alphabet. Les lettres de chaque colonne forment des mots désignant des chiffres : 5, 7, 8 et 11.

13.

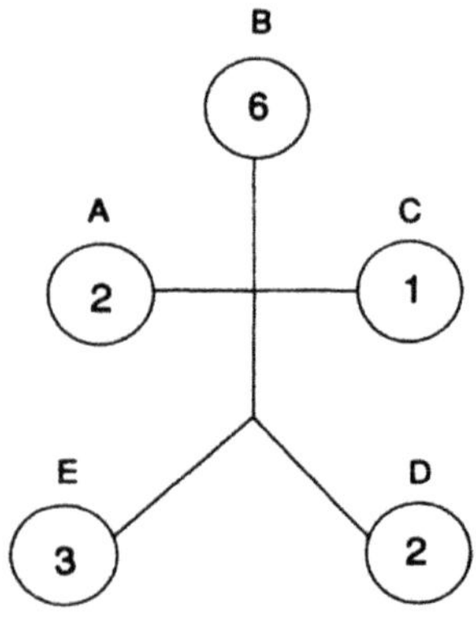

Dans chaque figure : A + C = E, A + C + E = B, B/E : D.

14. 63. Multipliez les chiffres opposés :

4 x 3 = 12	1 x 6 = 6	6 x 7 = 42
2 x 6 = 12	2 x 4 = 8	1 x 3 = 3
7 x 9 = 63	7 x 8 = 56	2 x 9 = 18
Total : 87	70	63

15. R : chaque lettre sur le cercle extérieur se trouve, dans l'alphabet, à mi-distance entre les deux lettres qui lui sont adjacentes dans le cercle central.

16. Un oiseau.

17. B : l'arc extérieur se déplace à chaque fois de 90° dans le sens des aiguilles d'une montre, l'arc du milieu de 180° et l'arc intérieur de 180°.

18. 77,2 km/h. Disons que le trajet fait 193 km (96,5 x 2). La première moitié du trajet (96,5 km) prend : 96,5 ÷ 64 = 1,5 heure ; la deuxième moitié prend 96,5 ÷ 96,5 = 1 heure. Le trajet de 193 km dure donc 1,5 + 1 = 2,5 heures. La vitesse moyenne est de 193 ÷ 2,5 = 77,2 kilomètres par heure.

19. Un poème épique.

20. 1B.

21. 25.

22. Julienne.

23. C.

24. Chaplin. Les autres sont : Carter, Hoover, Truman, Wilson.

25. Dyke.

TEST 4 - Questions

1. Quel est l'antonyme d'érudition parmi les termes ci-dessous ? ignorance, occasion, euphorie, approprié, fidèle, confiant, insipide.

2. Formez un mot en suivant les segments à l'intérieur du cercle et en vous déplaçant le long de la circonférence.

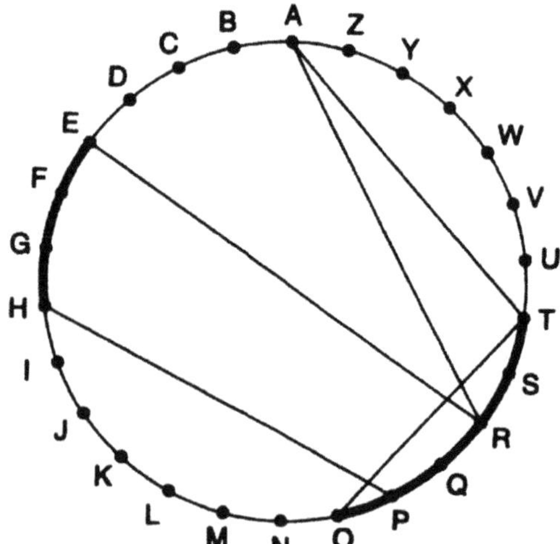

3. Quel est le mot français le plus long que l'on puisse créer à partir des dix lettres ci-dessous ?
ALDUOINBTK

4. Un sculpteur est en train de tailler une statue. La pièce originale en marbre pèse 250 kg. La première semaine, il en coupe 30 %, la deuxième semaine, 20 %. La troisième semaine, la statue est terminée lorsque 25 % de ce qui reste est coupé. Au final, combien pèse la statue ?

5. Quel est l'intrus ?
159
248
963
357
951
852

6. Dimanche
Lundi
Mardi
Mercredi
Jeudi
Vendredi
Samedi

Quel jour se trouve deux jours avant le jour qui suit immédiatement le jour trois jours avant le jour deux jours après le jour immédiatement avant vendredi ?

7. Quel est l'intrus ?

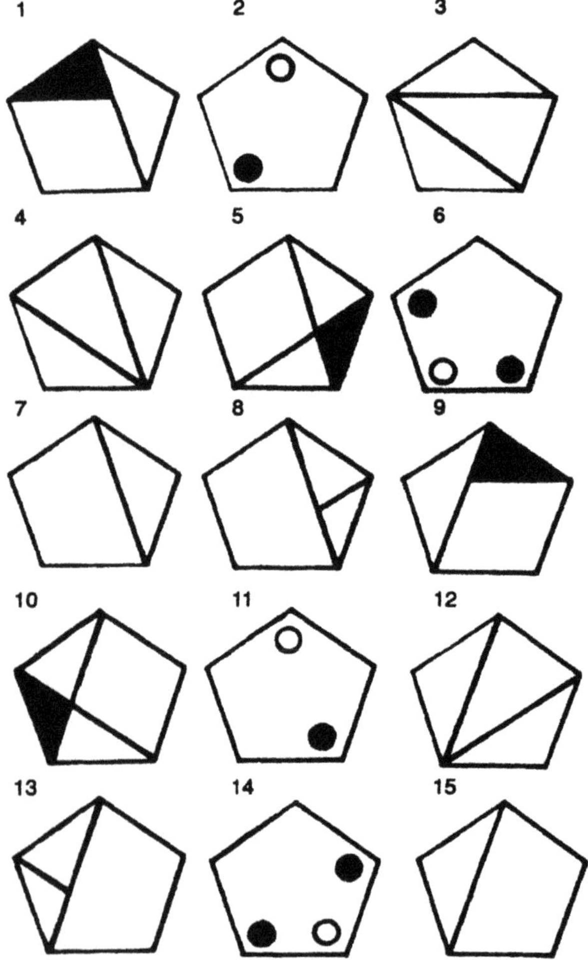

8.

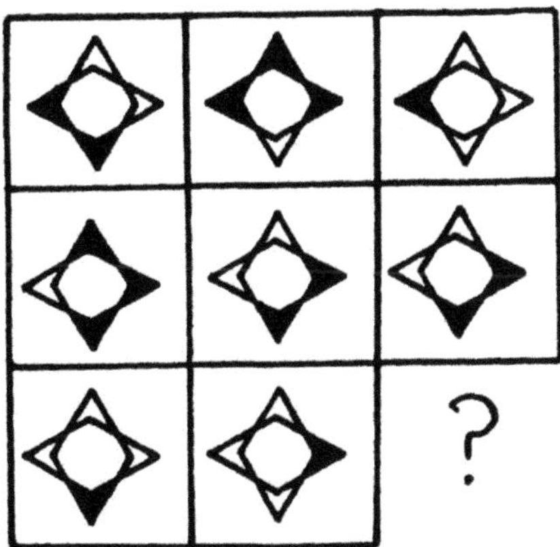

Quel est le carré, parmi ceux ci-dessous, qui doit remplacer le point d'interrogation ?

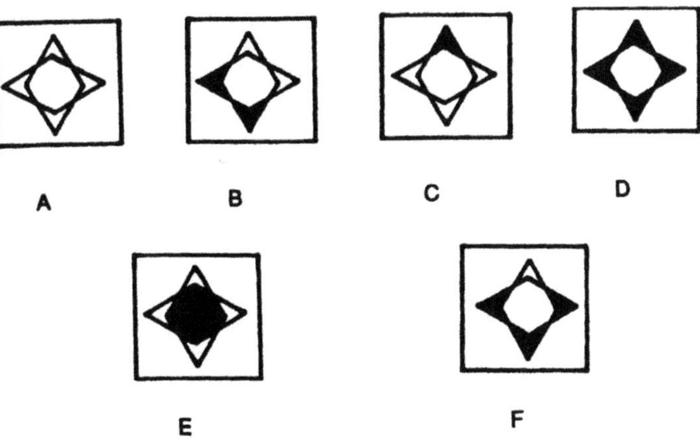

9. Quel est l'intrus ?

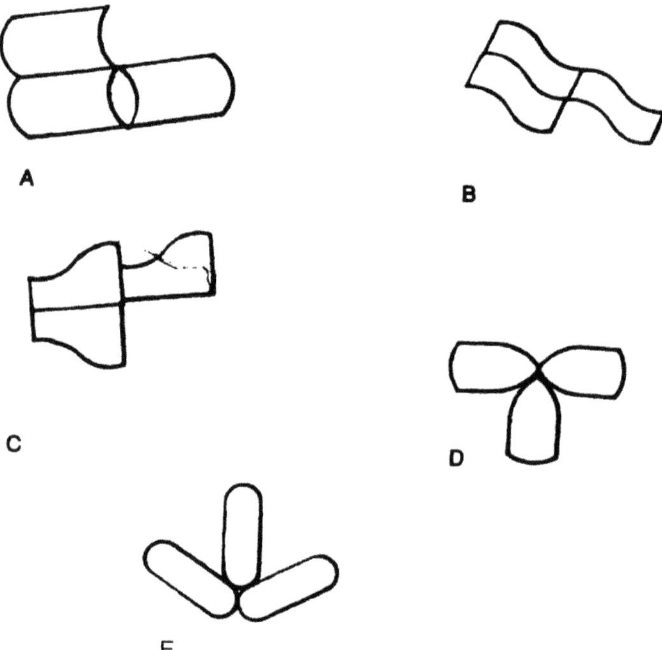

10. Trouvez le nombre de quatre chiffres qui doit remplacer les points d'interrogation.

4342 (3176) 1726
7995 (7516) 2162
8418 (? ? ? ?) 1725

11. L'hypoténuse est au triangle ce que la corde est au :
polygone, cône, rhomboïde, cercle, heptagone.

12. Commencez par une lettre dans l'un des angles, puis tournez dans le sens des aiguilles d'une montre tout autour de la figure, en finissant par la lettre centrale, afin d'épeler un mot composé de neuf lettres. Vous devez trouver les lettres manquantes.

S	-	E
E	-	R
D	D	A

13. Trouvez les nombres qui doivent remplacer les points d'interrogation.

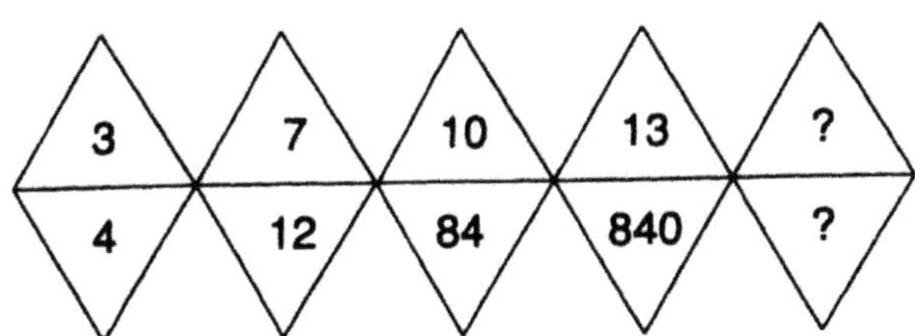

14.

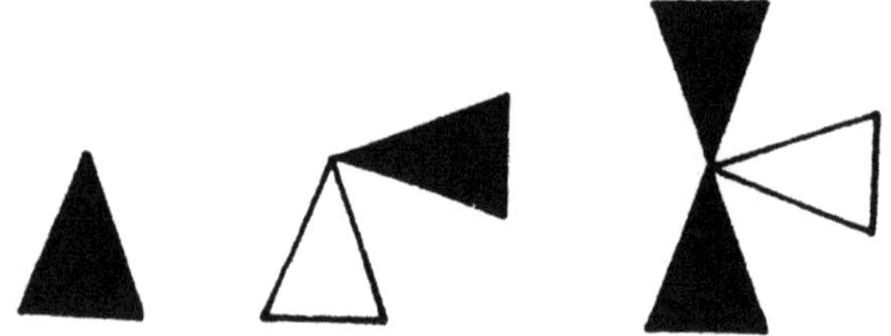

Quelle est la suite de la séquence ci-dessus ?

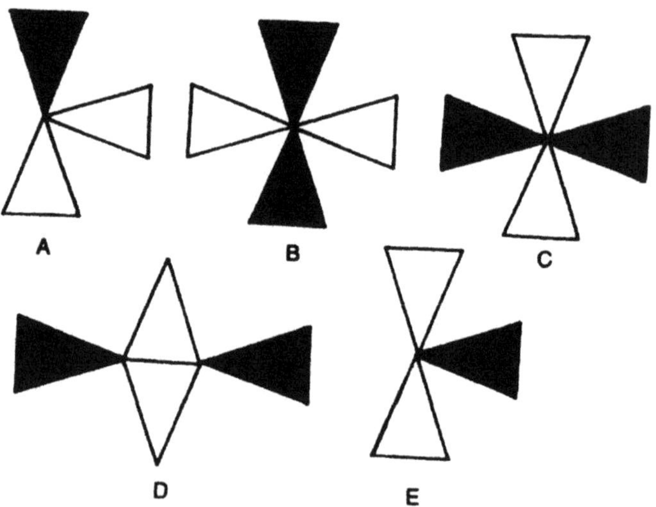

15. Comment appelle-t-on un groupe de chiens ?
 une meute ;
 une laîche ;
 une vigie ;
 une pagaïe.

16. Complétez la suite :
 7/8, - 7/24, 7/72, - 7/216, ?

17. Qu'est-ce qu'un cucurbita pepo ?
 une boisson ;
 une citrouille ;
 un moyen de transport ;
 un type de fromage.

18. Quels sont les deux antonymes ?
 rigueur, prudence, incitation, apaisement, impulsion, support, licenciement.

19. Trouvez le nombre qui doit remplacer le point d'interrogation.

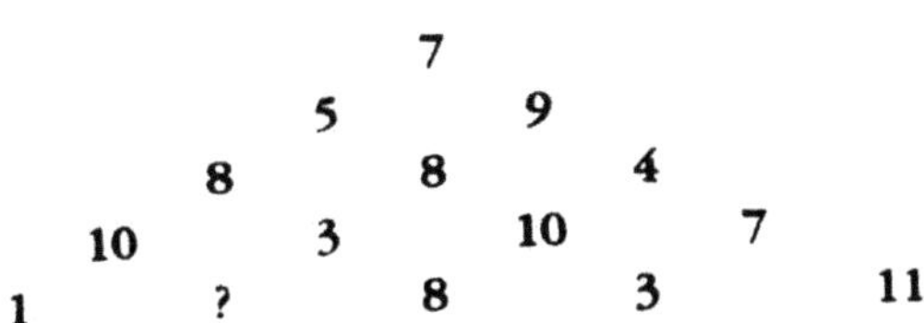

20.

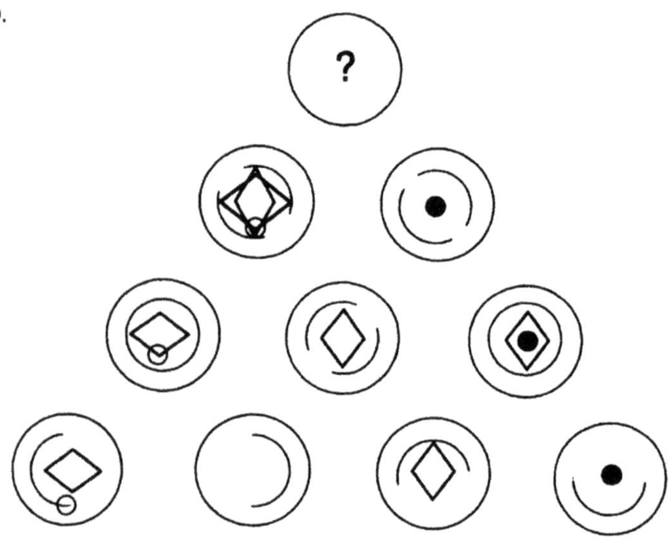

Trouvez le cercle qui doit figurer à la place du point d'interrogation.

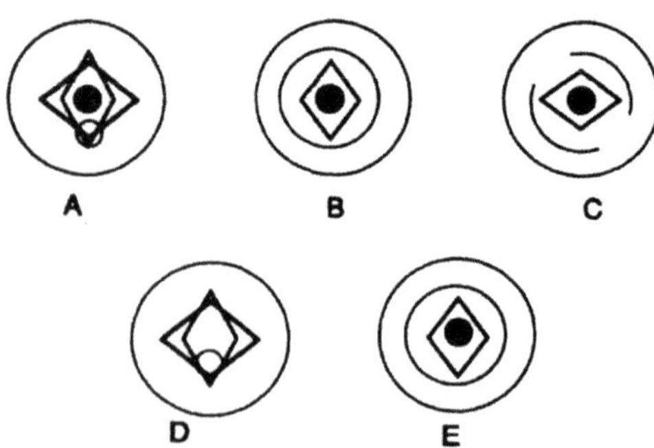

21.

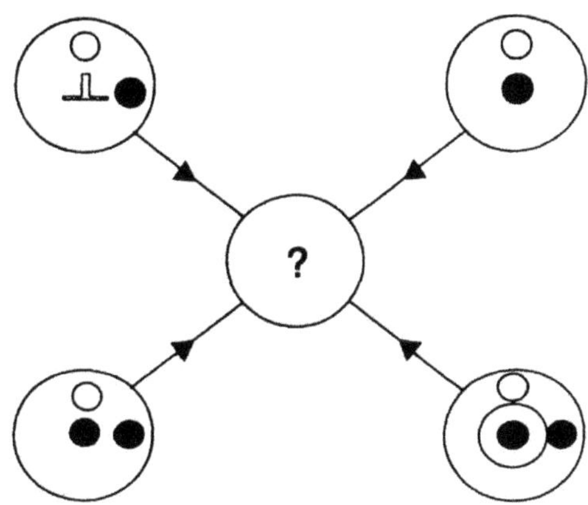

Chaque ligne et chaque symbole des quatre cercles extérieurs ci-dessus sont reportés dans le cercle du milieu suivant les règles suivantes : si un symbole ou une ligne apparaît dans les cercles extérieurs :

1 fois : il ou elle est reporté(e) dans le cercle au centre ;

2 fois : il ou elle n'est pas obligatoirement reporté(e) ;

3 fois : il ou elle est reporté(e) ;

4 fois : il ou elle n'est pas reporté(e).

Lequel de ces cercles, A, B, C, D ou E, devrait-on placer au centre du diagramme montré ci-dessus ?

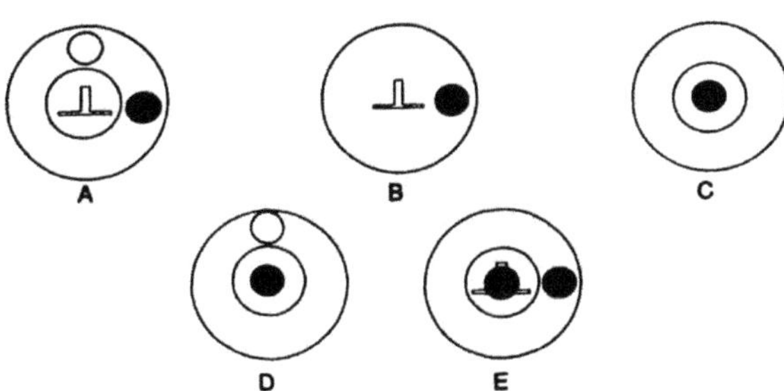

22. Trouvez le chiffre qui doit remplacer le point d'interrogation.

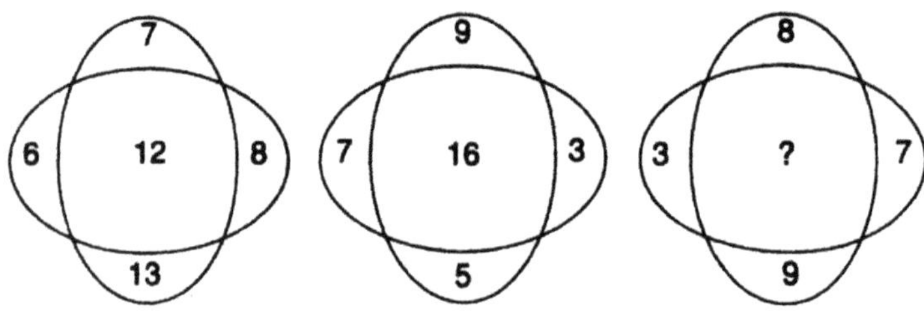

23. Parmi les cercles A, B, C, D, E ou F, lequel doit-on mettre à la place du point d'interrogation dans le grand cercle du bas ?

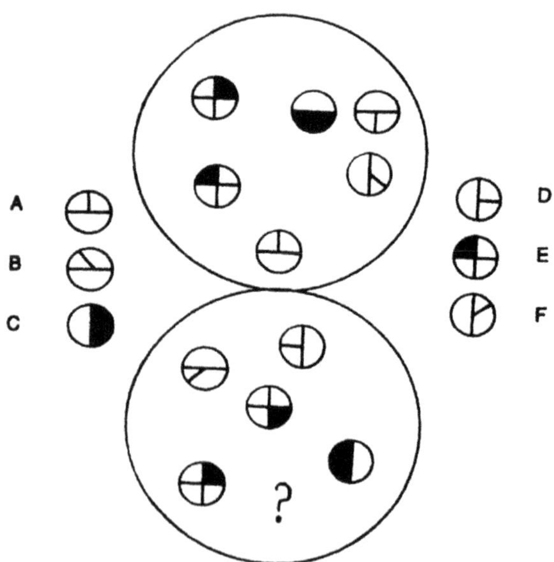

24. Trouvez la lettre qui doit remplacer le point d'interrogation.

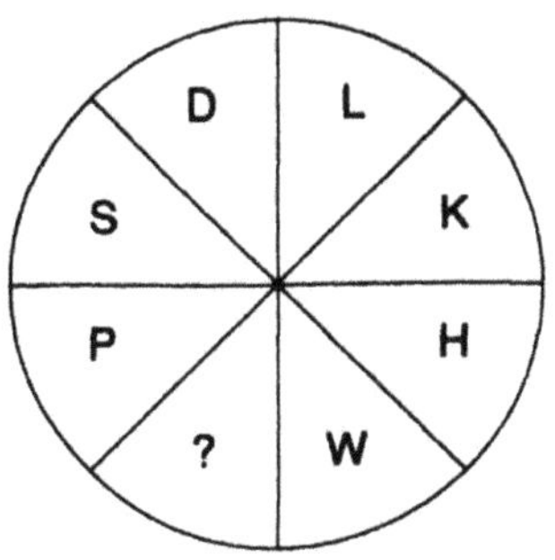

25.

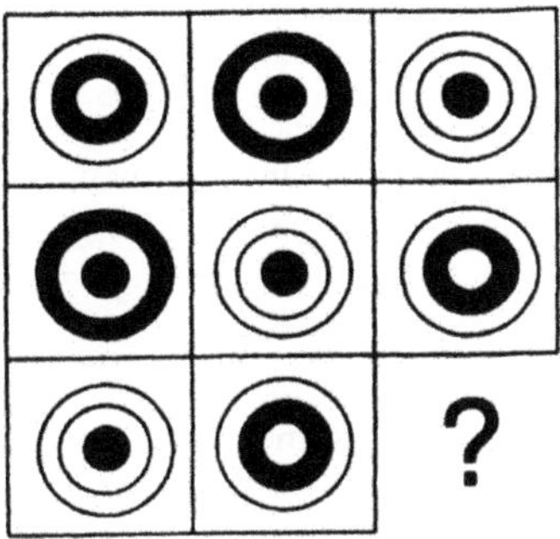

Quel est le carré qui doit remplacer le point d'interrogation ?

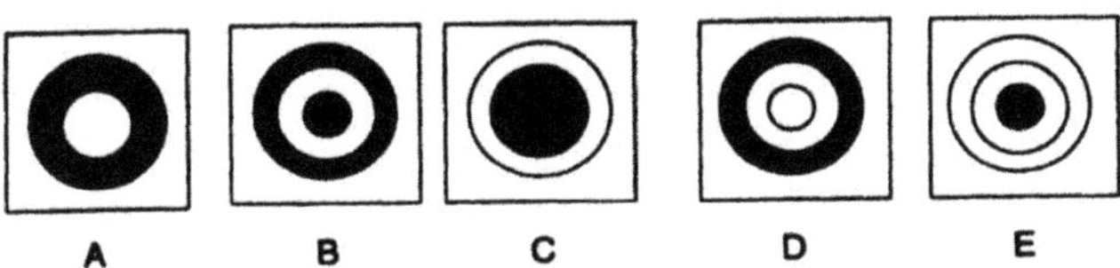

TEST 4 - Réponses

1. Ignorance.

2. Stratosphère.

3. Ablution.

4. 105 kg : 250 x 0,7 x 0,8 x 0,75.

5. 248. Dans les autres nombres, il y a la même différence entre chaque chiffre, par exemple pour 852 : 8 (-3) 5 (-3) 2.

6. Mardi

7. 3. Les autres figures fonctionnent par paires : elles ont toutes une image-miroir : 1/9, 2/11, 4/12, 5/10, 6/14, 7/15, 8/13.

8. A. Les segments colorés en noir sont reproduits dans le dernier carré de chaque rangée et de chaque colonne seulement lorsqu'ils sont positionnés de façon identique dans les deux premiers carrés.

9. C. Un élément de cette figure a été inversé et, après rotation, ne crée pas une figure homogène.

10. 4 275. Supprimez les chiffres à l'extérieur des parenthèses qui

apparaissent deux fois et insérez les chiffres restants dans les parenthèses, sans modifier leur ordre d'apparition – 8418 (4 725) 1725.

11. Cercle.

12. Desperado.

13. 16 au sommet, 10 920 en bas.
Le nombre du haut est la somme de tous les chiffres du losange précédent (1 + 3 + 8 + 4 + 0). Le nombre du bas est le résultat de la multiplication des deux nombres du losange précédent (13 x 840).

14. C. Chaque triangle, lorsqu'il tourne, passe du noir au blanc. À chaque étape, un nouveau triangle est ajouté et il tourne dans le sens inverse des aiguilles d'une montre. Ce nouveau triangle apparaît tout d'abord en noir, puis change de couleur lorsqu'il pivote, passant du blanc au noir.

15. Une meute.

16. 7/648 (x – 1/3)

17. Une citrouille.

18. Incitation, apaisement.

19. 10. En partant du bas et en allant vers le haut, chaque groupe triangulaire de trois nombres fait un total de 21.

20. A. Sur chaque ligne, deux cercles fusionnent pour former le cercle au-dessus d'eux, mais les symboles identiques s'annulent.

21. C.

22. 4. (13 – 7 = 6) x (8 – 6 = 2) = 12 ; (9 – 5 = 4) x (7 – 3 = 4) = 16 ; (9 – 8 = 1) x (7 – 3 = 4)
 = 4

23. D. Chaque petit disque du cercle inférieur est la reproduction d'un disque du cercle supérieur, pivoté de 90° dans le sens des aiguilles d'une montre.

24. O. Les lettres diamétralement opposées se situent à la même distance, en nombre de lettres, du début et de la fin de l'alphabet.

25. B. Ainsi, chaque ligne et chaque colonne comportent les trois différents symboles.

TEST 5 - Questions

1. Quel est l'intrus ?

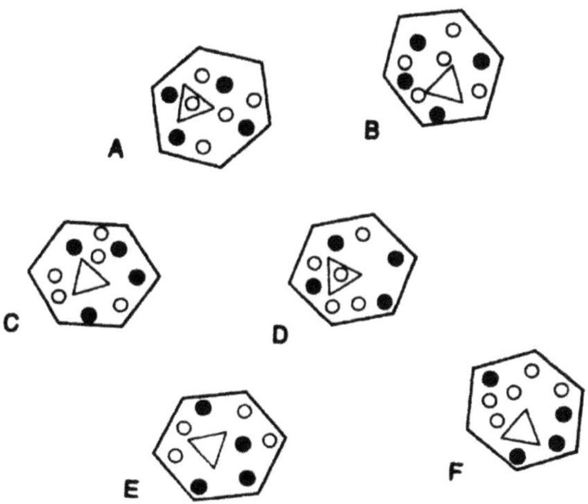

2. « Pédis » est au pied, ce que « rénis » est au(x) : cœur, rein, dents, bec, doigts ?

3. En commençant par la lettre Q au centre, puis en vous déplaçant lettre par lettre, jusqu'à une des lettres Z à l'extérieur, combien comptez-vous de façons d'épeler le mot QUIZ ?

```
            Z
        Z   I   Z
    Z   I   U   I   Z
Z   I   U   Q   U   I   Z
    Z   I   U   I   Z
        Z   I   Z
            Z
```

4. Combien comptez-vous de lignes dans le dessin ci-dessous ?

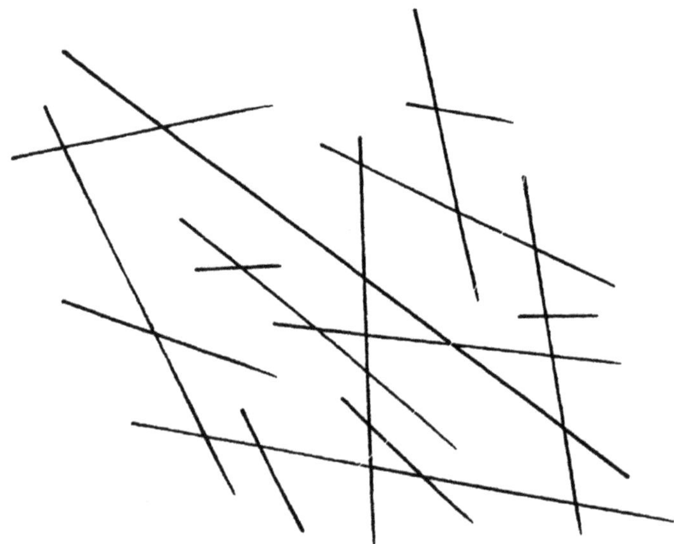

5. Quelle est la longueur du segment AB ? (NB : le dessin n'est pas à l'échelle.)

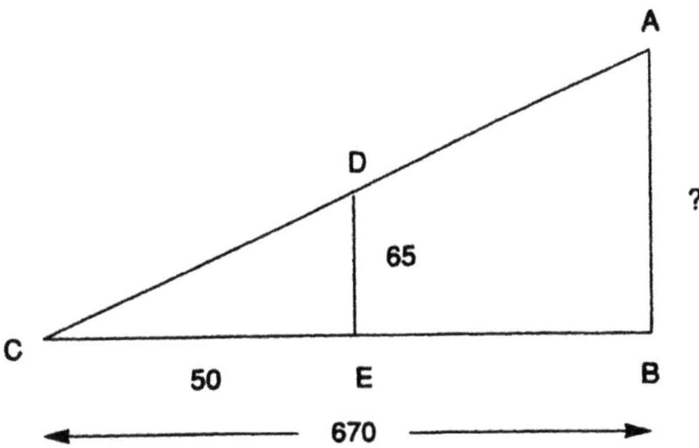

6. Trouvez le nombre qui doit remplacer le point d'interrogation.

15	**2**	**7**	**10**
7	**8**	**3**	**4**
21	**6**	**11**	**16**
13	**4**	**7**	**?**

7.

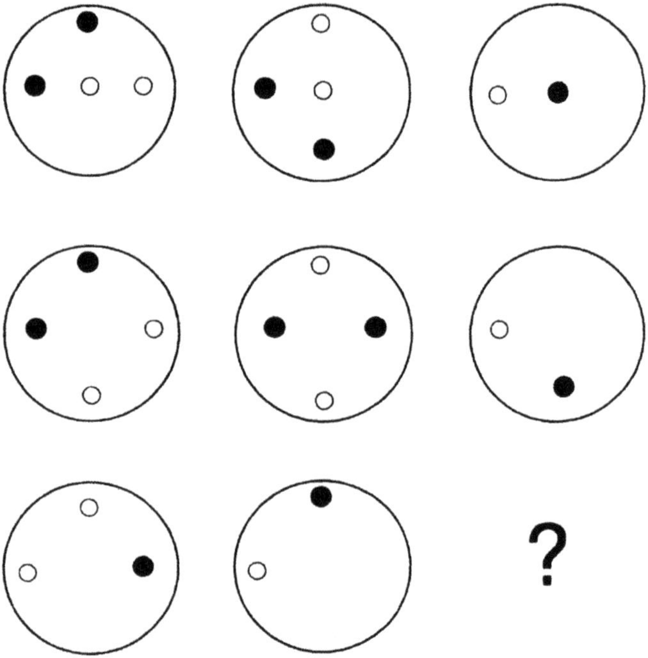

?

Trouvez le cercle ci-dessous qui doit remplacer le point d'interrogation.

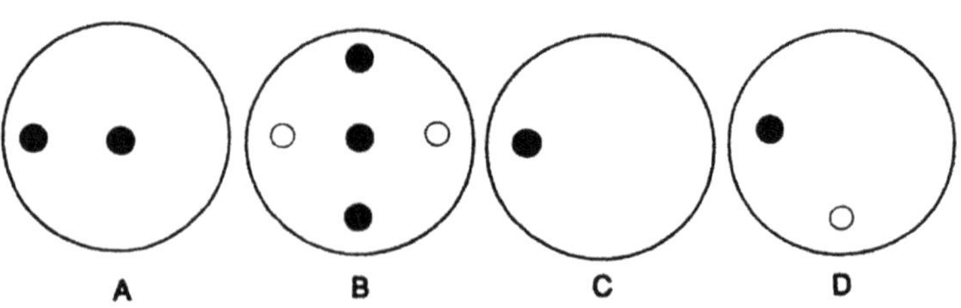

8.

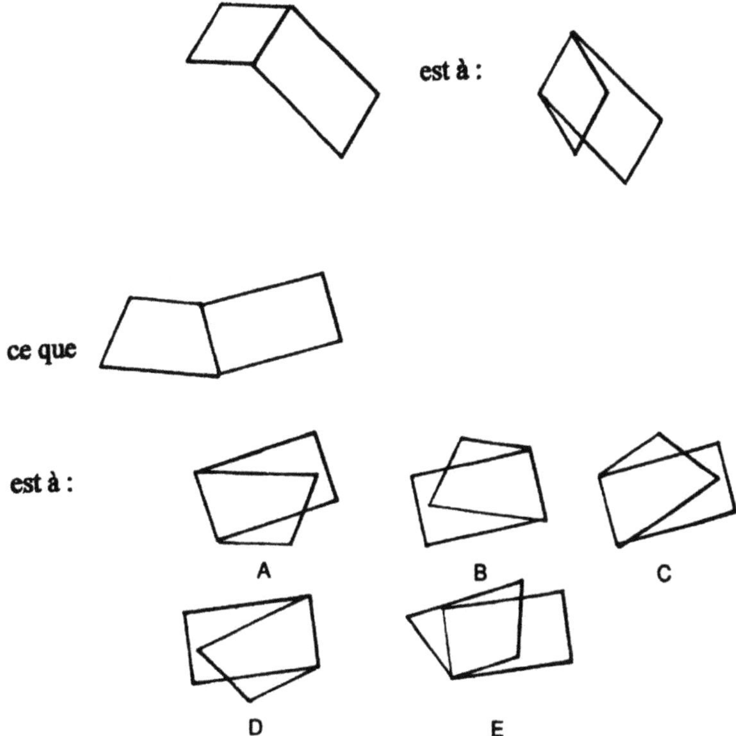

9. Quels sont les deux synonymes ?
discours, ouïe-dire, furie, rodomontade, rumeur, extrait.

10. Quel est l'intrus ?
9421, 7532, 9854, 8612, 6531, 8541.

11. Comme appelle-t-on le gîte des loutres ?
une tanière ;
une catiche ;
une épreinte ;
un terrier.

12. Qu'est-ce qu'un chassé ?
du matériel d'escalade ;
un pas de danse classique ;
une race de chat ;
un terme d'escrime.

13. Quelles sont les deux prochaines lettres de cette suite ?
A, F, H, K, N, ?, ?

14. Trouvez le chiffre qui doit remplacer le point d'interrogation.

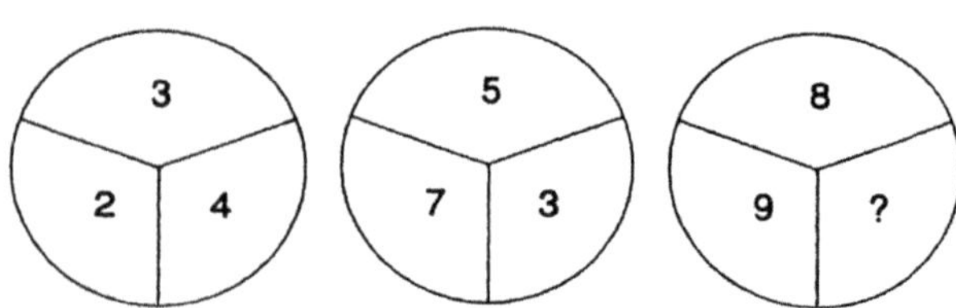

15.

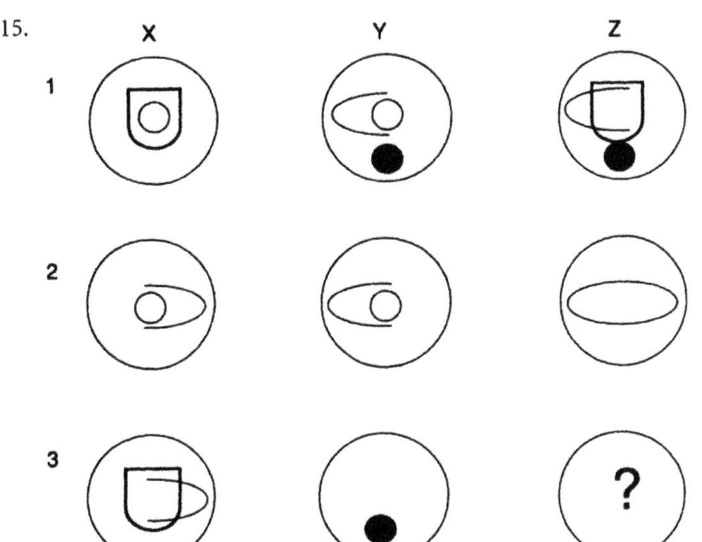

Trouvez le cercle, parmi ceux ci-dessous, qui doit remplacer le point d'interrogation.
A, B, C, D ou E.

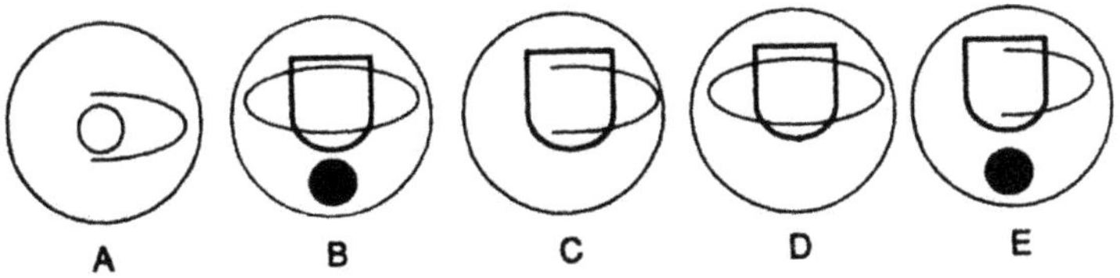

16.

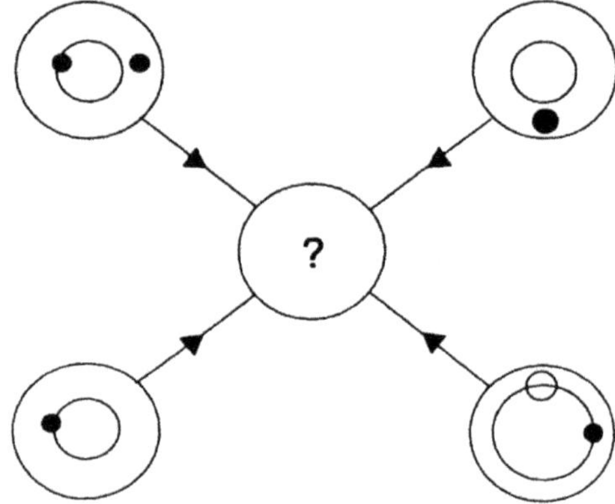

Chaque ligne et chaque symbole des quatre cercles extérieurs ci-dessus sont reportés dans le cercle du milieu suivant les règles suivantes : si un symbole ou une ligne apparaît dans les cercles extérieurs :
1 fois : il ou elle est reporté(e) dans le cercle au centre ;
2 fois : il ou elle n'est pas obligatoirement reporté(e) ;
3 fois : il ou elle est reporté(e) ;
4 fois : il ou elle n'est pas reporté(e).

Lequel de ces cercles, A, B, C, D ou E, devrait-on placer au centre du diagramme montré ci-dessus ?

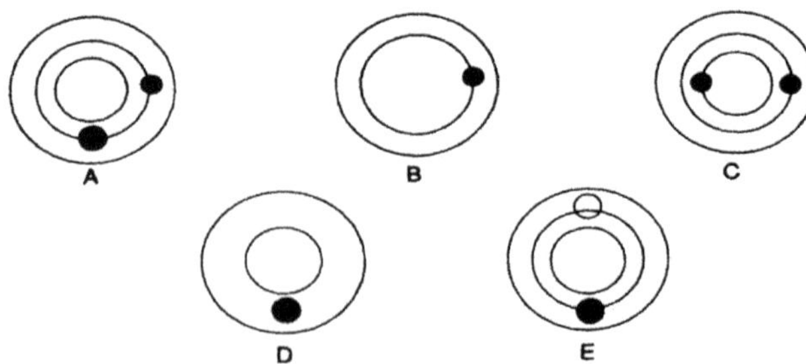

17. Parmi les groupes de quatre lettres ci-dessous, réunissez-en deux de façon à former un mot composé de huit lettres.
RONI, DAMA, TION, RENI, POEN, PENT, AGOS, MACA, GADE, TICS

18. Trouvez le chiffre qui doit remplacer le point d'interrogation.

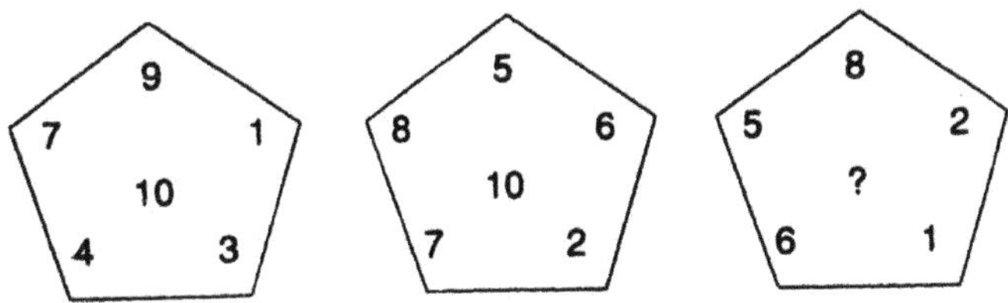

19. Lors d'une récente élection, on a totalisé 93 648 votes pour quatre candidats. Le vainqueur menait ses adversaires respectivement de 25 627, 10 681 et 5 924 voix. Combien de voix chaque candidat a-t-il remporté ?

20. Quelles sont les deux prochaines lettres de cette suite ?
A, D, I, P, Y, CF, DI, FD, ?

21. A, B, C, D, E, F, G, H.
Quelle lettre se situe à deux lettres à droite de la lettre immédiatement à droite de la lettre à deux lettres à gauche de la lettre à trois lettres à droite de la lettre immédiatement à gauche de la lettre E ?

22.

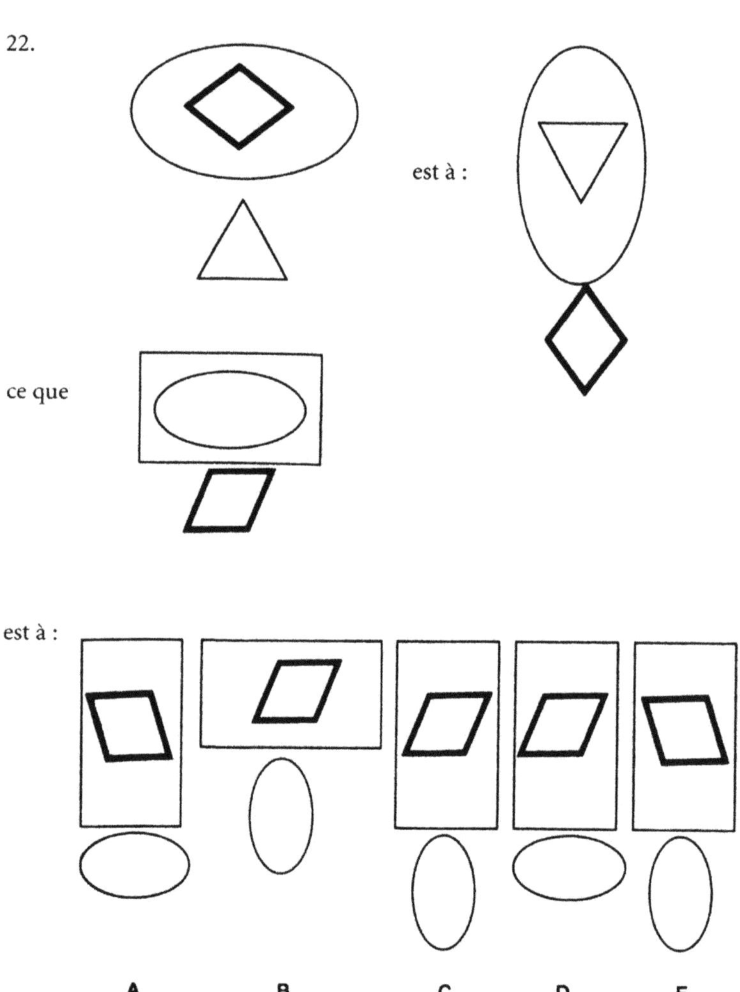

23. Trouvez le chiffre qui doit remplacer le point d'interrogation.

4 7 3 8 9 2
? 9 0 2 5 1
5 1 6 3 5 9

24.

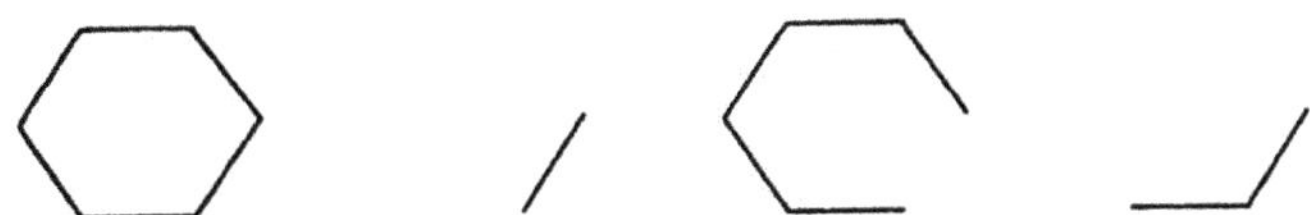

Quelle est la suite de cette séquence ?

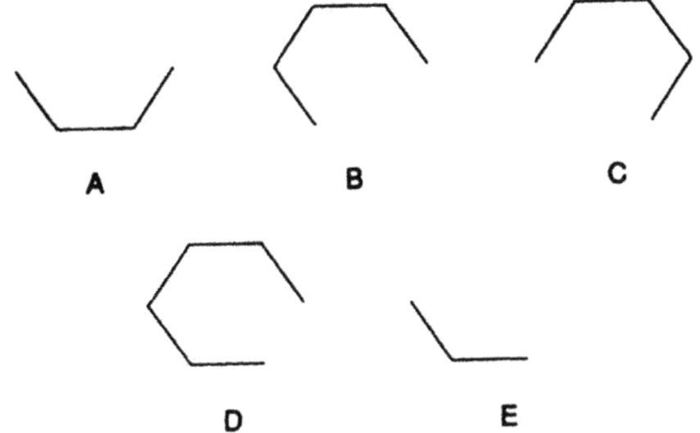

25. Dans la grille ci-dessous, chacun des neuf carrés, de 14 à 3C, doit inclure toutes les lignes et tous les symboles des carrés qui comportent la même lettre et le même numéro dans la colonne de gauche et la rangée du dessus. Par exemple, le carré 2B doit comporter les mêmes lignes et les mêmes symboles que le carré 2 et le carré B.
Un des carrés est incorrect. Lequel ?

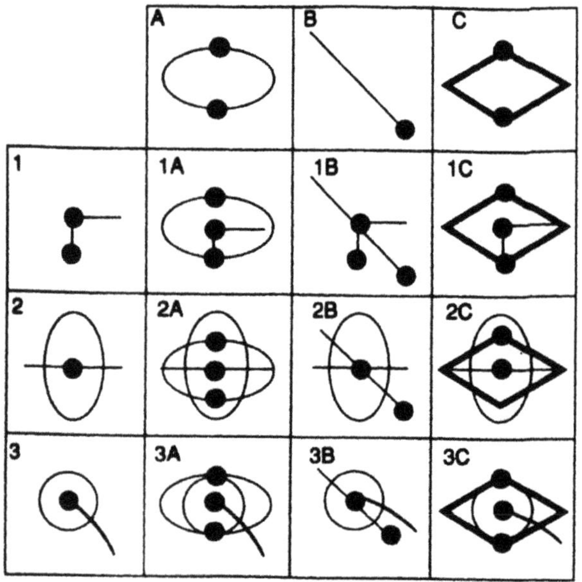

TEST 5 - Réponses

1. La figure E : elle ne contient que quatre petits cercles blancs, tandis que les autres figures en contiennent cinq.

2. Rein.

3. 28.

4. 16

5. 871. 65 ÷ 50 x 670.

6. 10. La différence entre les chiffres d'une ligne sur deux et d'une colonne sur deux est la même. Ainsi : 16 – 10 = 10 – 4.

7. C. Le contenu du troisième cercle de chaque rangée et de chaque colonne est déterminé par le contenu des deux précédents cercles. Lorsque les points noirs et blancs sont agencés de façon identique dans chacun de ces deux cercles, ils sont reproduits dans le troisième cercle. Mais ils changent de couleur : de noirs, ils deviennent blancs, et inversement.

8. C. La partie gauche se rabat sur la partie droite.

9. Ouïe-dire, rumeur.

10. 8612. Tous les autres nombres ont des chiffres en nombre décroissant.

11. Une catiche.

12. Un pas de danse classique.

13. Y, Z. Les lettres qui comportent trois barres.

14. 7. Dans les deux premiers cercles, additionnez les chiffres des mêmes segments pour obtenir le chiffre dans le même segment du troisième cercle. Donc, 3 + 5 = 8, 2 + 7 = 9, 4 + 3 = 7.

15. E. On ajoute X et Y pour obtenir Z et 1 à 2 pour obtenir 3, mais les symboles identiques s'annulent.

16. E.

17. Macaroni.

18. 8. (9 + 7 + 1 = 17) – (4 + 3 = 7) = 10 ; (8 + 5 + 6 = 19) – (7 + 2 = 9) = 10 ; (5 + 8 + 2=15) – (6 + 1 = 7) = 8.

19. Le nombre de voix comptabilisées pour le candidat vainqueur était de (93 648 + 25 627 + 10 681 + 5 924) divisé par 4 = 33 970.

Le candidat en deuxième position a reçu	33 970 - 5 924 =	28 046 voix
Le candidat en troisième position a reçu	33 970 - 10 681 =	23 289 voix
Le candidat en quatrième position a reçu	33 970 - 25 627 =	8 343 voix
Total :		93 648 voix

20. HA. Prenez le classement de chaque lettre dans l'alphabet afin de découvrir la suite de nombres carrés consécutifs : 1, 4, 9, 16, 25, 36, 49, 64, 81.

21. H.

22. E. Le rectangle pivote de 90°, le parallélogramme se retourne et va à l'intérieur du rectangle et l'ellipse pivote de 90° et se place en dessous du rectangle.

23. 9. Additionnez la ligne du haut et la ligne du bas pour obtenir la ligne du milieu, donc : 473892 + 516359 = 990251.

24. B. Il y a deux séquences qui alternent : dans la première séquence, l'hexagone perd un côté à chaque étape, dans la deuxième, il se construit ligne par ligne.

25. 2C.

TEST 6 - Questions

1. Quelle figure, parmi celles ci-dessous, formera un carré si on la glisse sur la figure ci-contre ?

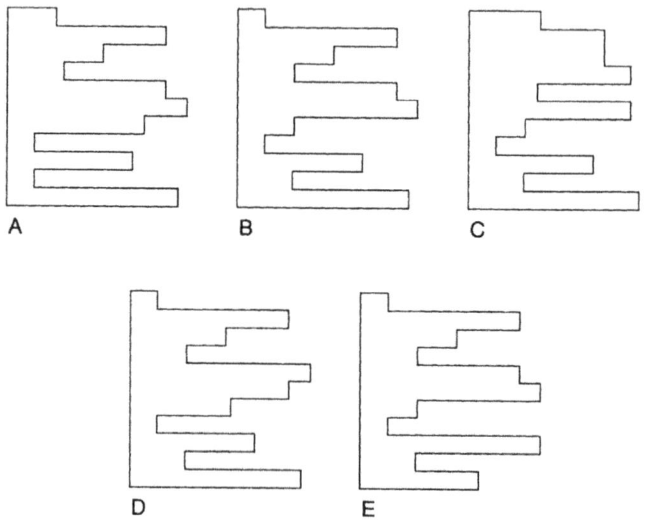

2. Quel mot entre parenthèses est l'antonyme du mot en lettres capitales ?

PROSCRIRE (autoriser, réprimer, promouvoir, vérifier, accuser)

3. 0, 1, 2, 4, 6, 9, 12, 16, ?
   Trouvez le nombre qui doit remplacer le point d'interrogation.

4. Quel est l'intrus parmi les nombres ci-dessous ?
   4572 5261 5133 3527 6895 7768

5. « Isotherme » est à la température, ce qu'« isobare » est à :
   l'atmosphère, le vent, la pression, la latitude, le courant.

6. Dans la pyramide ci-dessous, on obtient chaque nombre en additionnant les deux nombres placés immédiatement en dessous de lui. Complétez la pyramide.

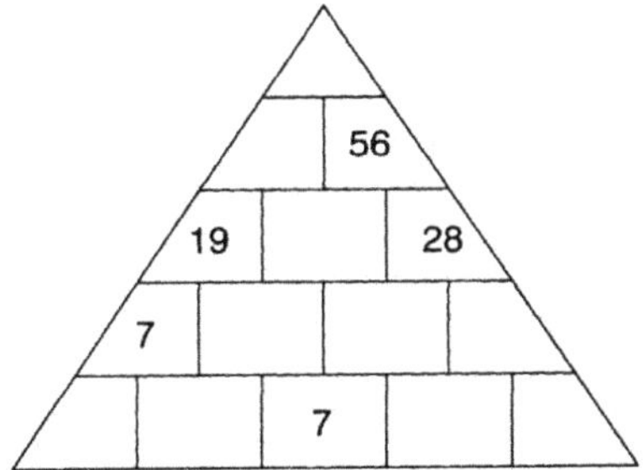

7.

1	2	4	7
4	?	7	10
6	?	?	12
7	8	10	?

Quelle est la partie manquante ?

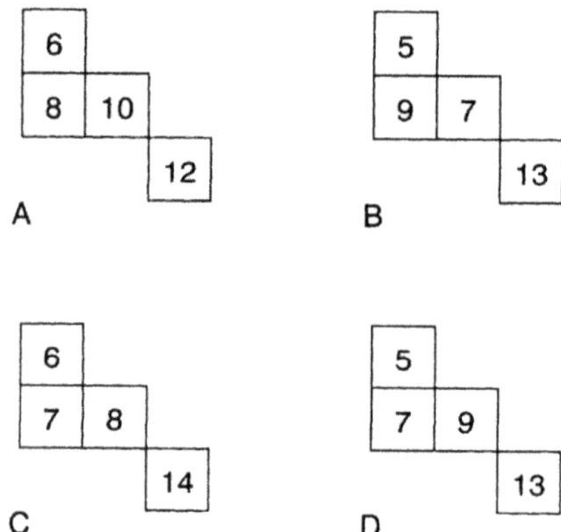

8. Trouvez les deux mots (un dans chaque parenthèse) en relation avec les mots en lettres capitales.

GRAMME (énergie, poids, balance)

NŒUD (eau, corde, vitesse)

9. Quel est l'intrus ?

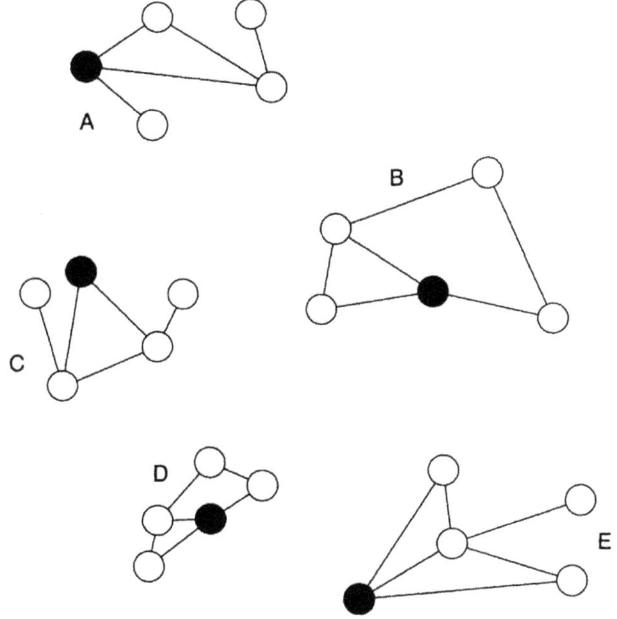

10. À combien de minutes sommes-nous de midi, si quarante-huit minutes plus tôt, l'heure équivalait à deux fois plus de minutes passées de 9 h ?

11. Trouvez l'intrus :
heptagone, triangle, hexagone, cube, pentagone.

12. Quel est l'intrus ?

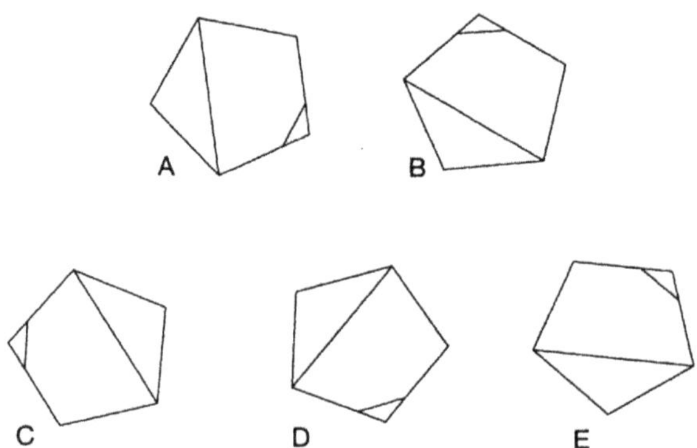

13. Le bouton A commande les lumières 1 et 2 on/off ou off/on ;
Le bouton B commande les lumières 2 et 4 on/off ou off/on ;
Le bouton C commande les lumières 1 et 3 on/off ou off/on.

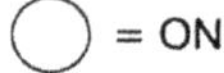

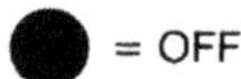

Les boutons C, A et B sont actionnés à tour de rôle, de sorte qu'on passe de la figure 1 à la figure 2. Quel bouton ne fonctionne pas du tout ?

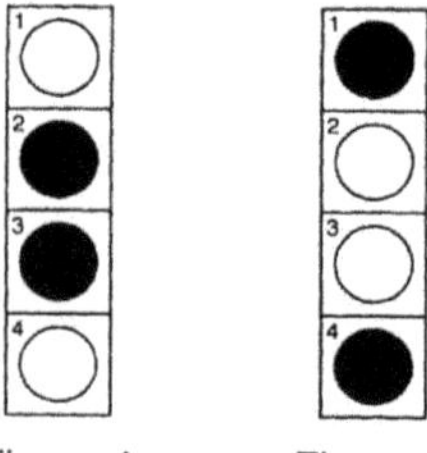

Figure 1 Figure 2

14. 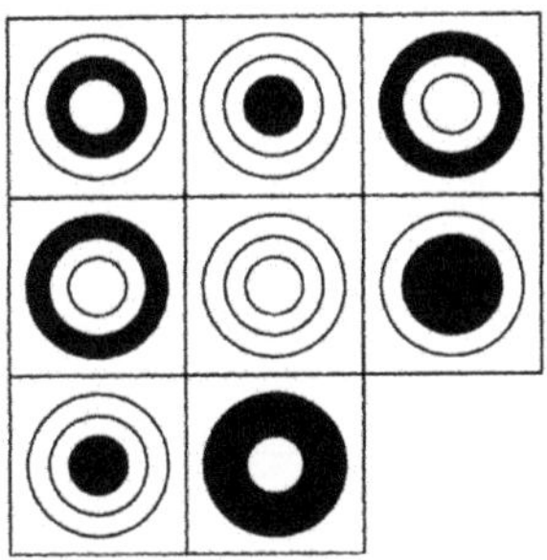

Quelle est la case manquante ?

A

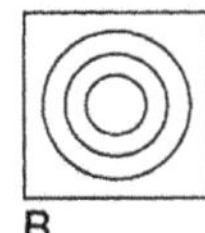
B

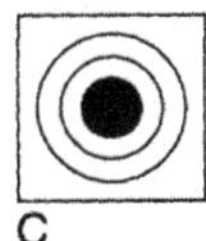
C

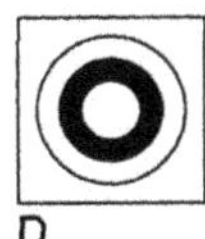
D

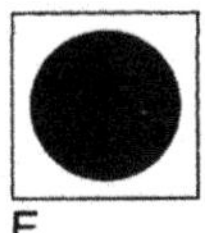
E

15. Quel mot entre parenthèses est le synonyme du mot en lettres capitales ?
IMPACT (morne, édifice, pression, mordoré, ineptie)

16. Trouvez le chiffre qui doit remplacer le point d'interrogation.

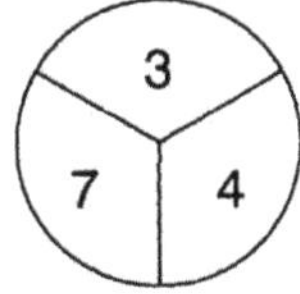

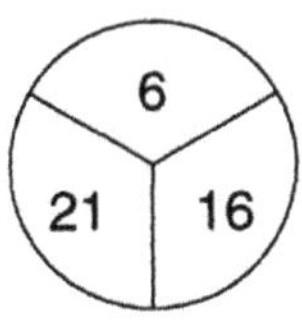

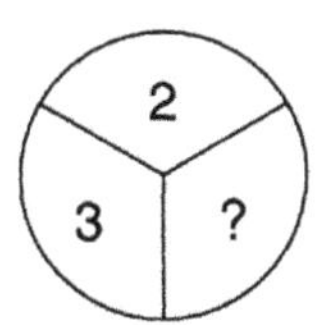

17.

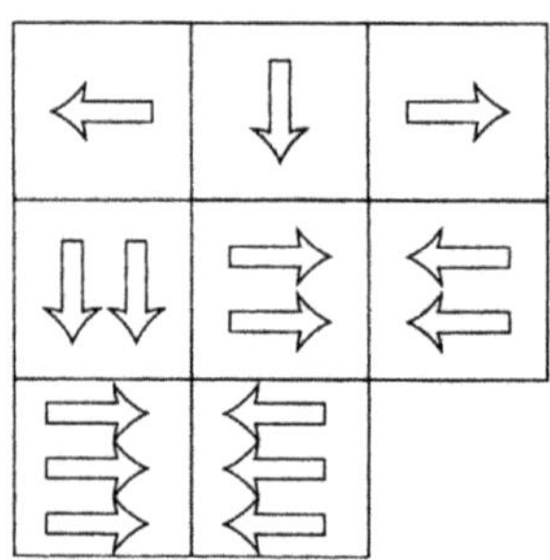

Quelle est la case manquante ?

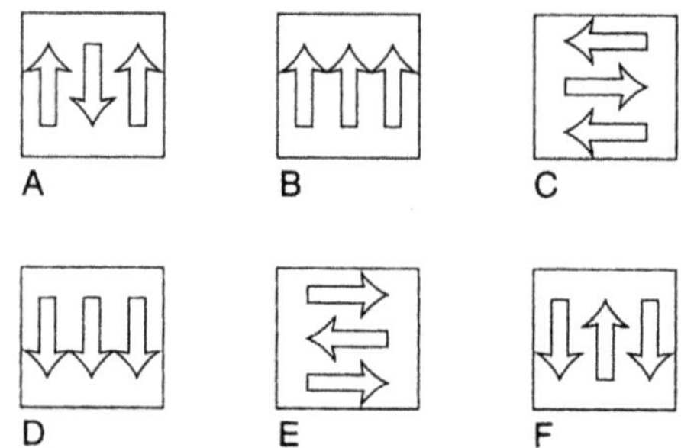

18. $6\frac{7}{8}$, $2\frac{9}{16}$, $5\frac{5}{8}$, $3\frac{13}{16}$, $4\frac{3}{8}$, ?

Quel est le nombre qui doit remplacer le point d'interrogation ?

19. 10, 30, 32, 96, 98, 294, 296, ?, ?

Trouvez les nombres qui doivent remplacer les deux points d'interrogation.

20. Trouvez les deux mots (un dans chaque parenthèse) en relation avec les mots en lettres capitales et qui s'y rapportent de la même façon.

MER (mouillé, nageur, bateau)

NEIGE (montagne, glace, skieur)

21. Alf a quatre fois plus que Jim, et Jim a trois fois plus que Sid. Ensemble, ils ont 192. Combien ont-ils chacun ?

22. Un homme a 53 chaussettes dans son placard : 21 chaussettes identiques de couleur bleue, 15 chaussettes identiques de couleur noire et 17 identiques de couleur rouge. Chez lui, les plombs ont sauté, il n'a plus de lumière. Il se retrouve dans l'obscurité totale. Combien de chaussettes doit-il sortir de son placard pour être sûr à 100 % d'avoir une paire de chaussettes noires ?

23. Dessinez la figure manquante dans la suite ci-dessous.

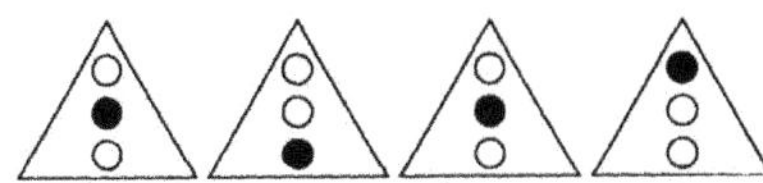

24. À combien de minutes sommes-nous de midi, si neuf minutes plus tôt, l'heure équivalait à deux fois plus de minutes passées de 10 h ?

25. Trouvez cinq chiffres consécutifs dans la liste ci-dessous dont la somme est égale à 22 :
7 3 9 6 4 1 3 7 9 3 5 4 1 7 6 5

TEST 6 - Réponses

1. B

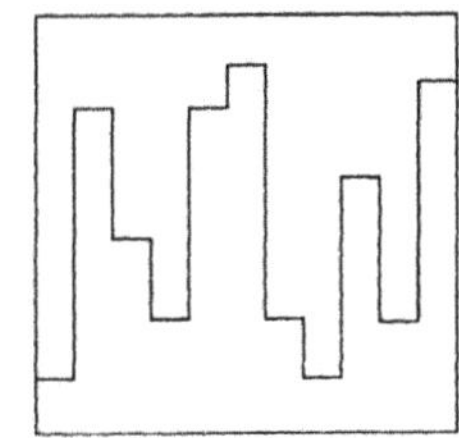

2. Autoriser.

3. 20. Ajoutez successivement 1, puis 1, puis 2, 2, 3, 3, 4, 4.

4. 3527. Dans les autres nombres, la somme des deux premiers chiffres est égale à la somme des deux derniers chiffres, par exemple : 5 + 2 = 6 + 1.

5. La pression

6.

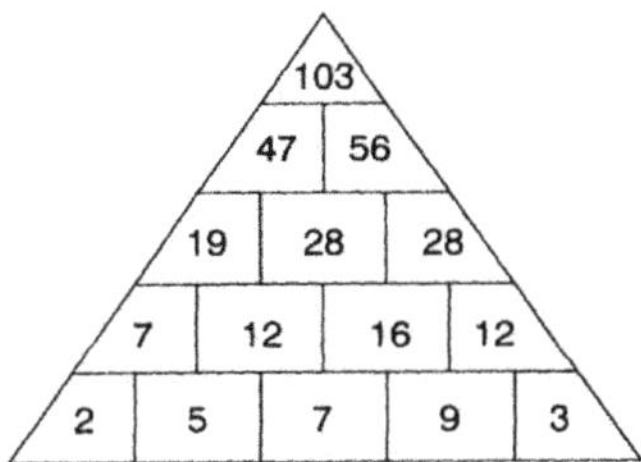

7. D. Horizontalement, il faut ajouter + 1, puis + 2, puis +3. Verticalement, +3, + 2, + 1.

8. Poids, vitesse.

9. C. Dans les autres figures, le cercle noir est relié à trois cercles blancs. Dans la figure C, il n'est relié qu'à deux cercles blancs.

10. 44 minutes.
    12 heures moins 44 minutes = 11 h 16
    11 h 16 moins 48 minutes = 10 h 28
    9 heures plus 88 minutes (44x2) = 10 h 28

11. Le cube est une figure géométrique tridimensionnelle. Les autres sont toutes bidimensionnelles.

12. B. Les autres sont la même figure, pivotée.

13. Le bouton A est défectueux.

14. B. Sur chaque ligne et dans chaque colonne, chacun des trois anneaux est coloré en noir au moins une fois.

15. Pression.

16. 4. En observant les trois cercles de façon transversale, on remarque que le nombre du cercle du milieu est le produit des nombres du même segment dans les deux autres cercles. Ainsi, 3 x 2 = 6 ; 7 x 3 = 21 et 4 x 4 = 16.

17. D. Sur chaque ligne et dans chaque colonne, les flèches pointent dans les trois directions – à gauche, à droite et en bas. De rangée en rangée, le nombre de flèches augmente : il y en a une par case, puis deux, puis trois.

18. $5\frac{1}{6}$. Il y a deux suites qui alternent : - 1 ¼ et + 1 ¼.

19. 888, 890. La suite progresse ainsi : x 3, + 2.

20. Nageur, skieur.

21. Alf 144, Jim 36 et Sid 12.

22. 40 chaussettes. S'il sort 38 chaussettes, il y a des chances – bien que cela soit très peu probable – pour qu'elles soient toutes bleues ou rouges. S'il veut être sûr à 100 % d'avoir également une paire de chaussettes noires, il doit en sortir deux de plus.

23. Le point noir se déplace à chaque fois d'un rond vers le haut (puis vers le bas).

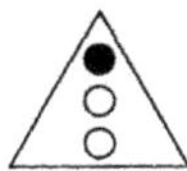

24. 37 minutes. 12 heures moins 37 minutes = 11 h 23. 11 h 23 moins neuf minutes = 11 h 14. 10 heures plus 74 minutes (2x37) = 11 h 14.

25. 93541.

TEST 7 - Questions

1.

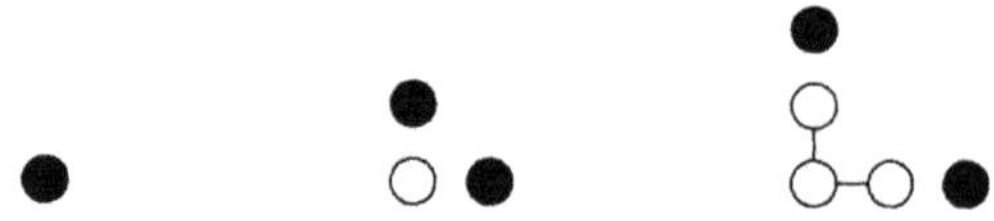

Quelle est la suite logique de la ligne ci-dessus ?

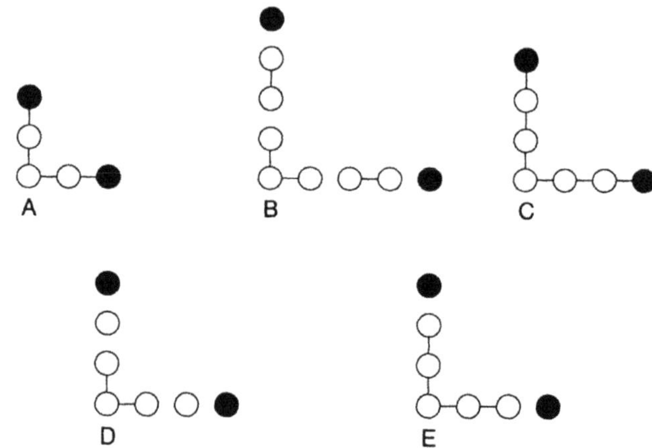

2.

20	22	19	21
17	19	16	?
19	21	?	20
16	18	15	?

Quelle est la partie manquante ?

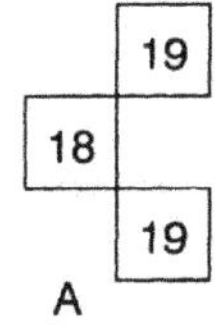

A

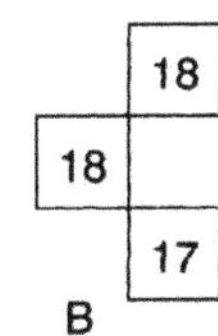

B

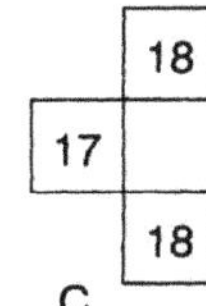

C

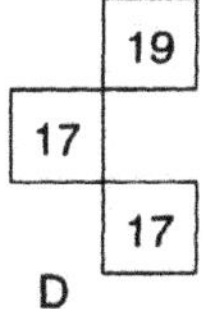

D

3. « Ligneux » est au bois ce que « vitreux » est à : la laine, au verre, la pierre, l'eau, le papier ?

4. Trouvez le chiffre qui doit remplacer le point d'interrogation.

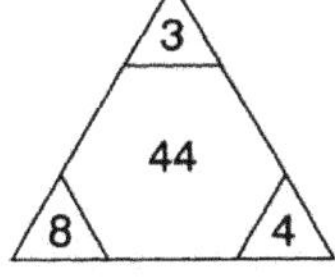

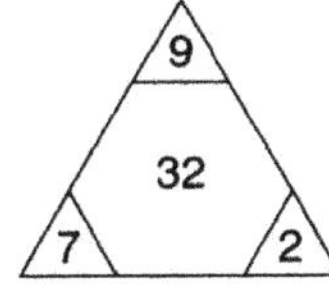

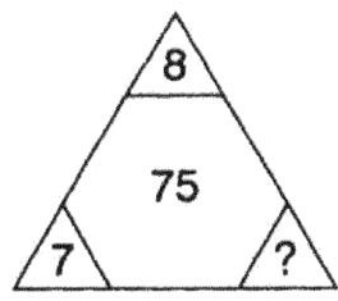

5.

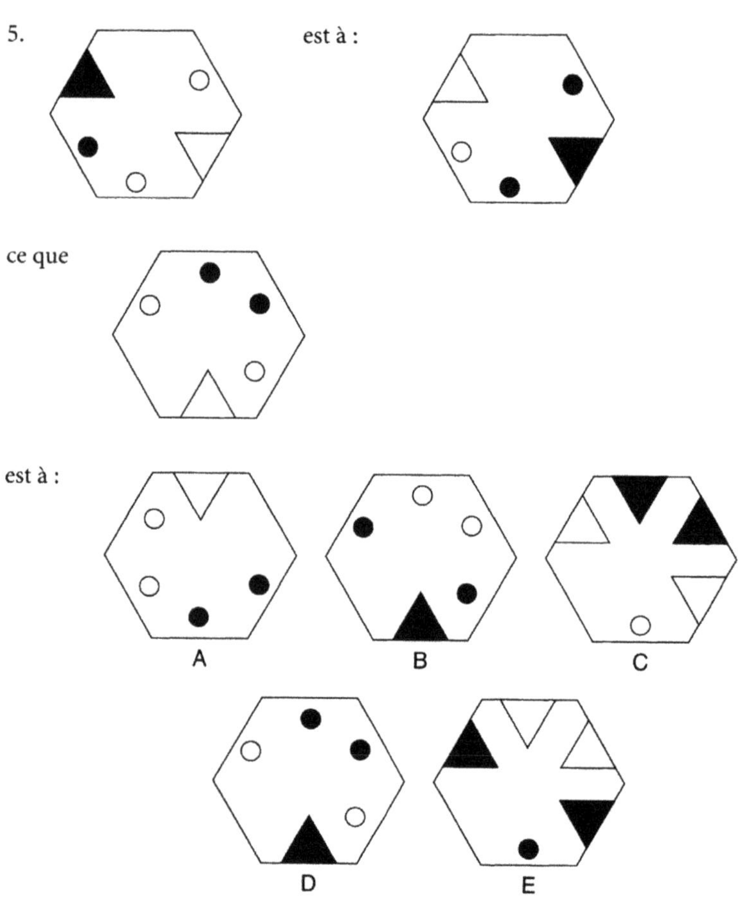

6. 0 ; 4 ; 2 ; 6 ; 3 ; 7 ; 3,5 ; ?
Trouvez le nombre qui doit remplacer le point d'interrogation.

7. Trouvez les deux mots (un dans chaque parenthèse) en relation avec les mots en lettres capitales.

   LONGITUDE (degré, tropique, méridien)

   LATITUDE (parallèle, ligne, équinoxe)

8.

5	2	3	10
6	4	1	11
1	9	?	12
12	?	6	?

   Quelle est la partie manquante ?

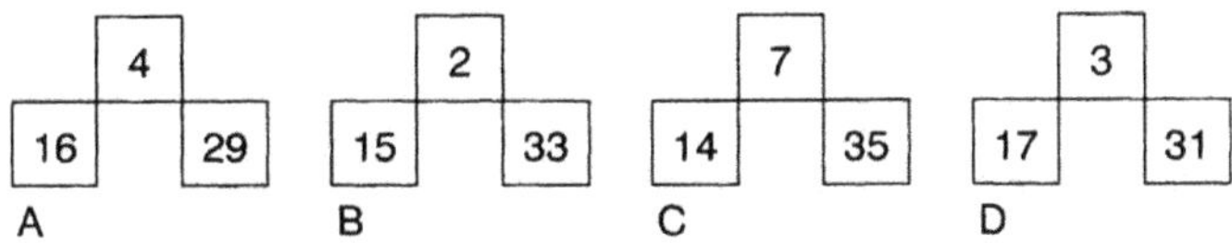

9. Quel mot entre parenthèses est synonyme du mot en lettres capitales ?
   CONTRÔLER (observer, ordonner, s'ingérer, s'imposer, conclure)

10.

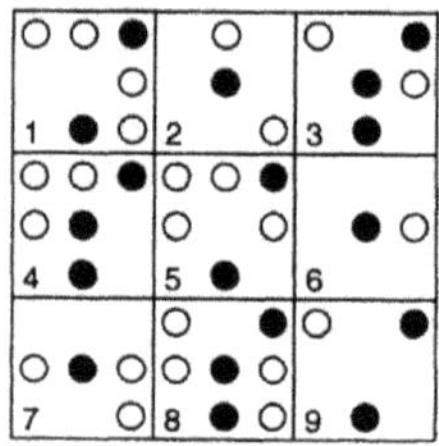

En lisant les lignes à la fois horizontalement et verticalement, nous constatons que les deux premières cases fusionnent pour former la troisième, sauf lorsque les symboles sont identiques – dans ce cas, ils s'annulent. Dès lors, quelle case parmi le schéma ci-dessus est incorrecte, et par quelle case ci-dessous doit-elle être remplacée ?

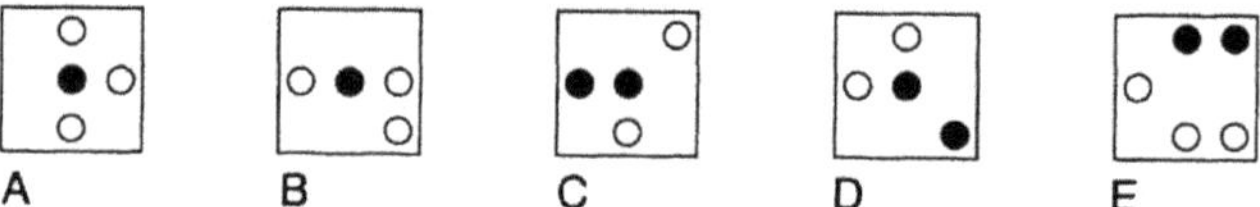

11. Quels sont les deux antonymes ?
liberté, frivolité, chasteté, sobriété, irrationalité, polarité

12. Quel est l'intrus ?
Fémur, mandibule, péroné, tibia, rotule

13.

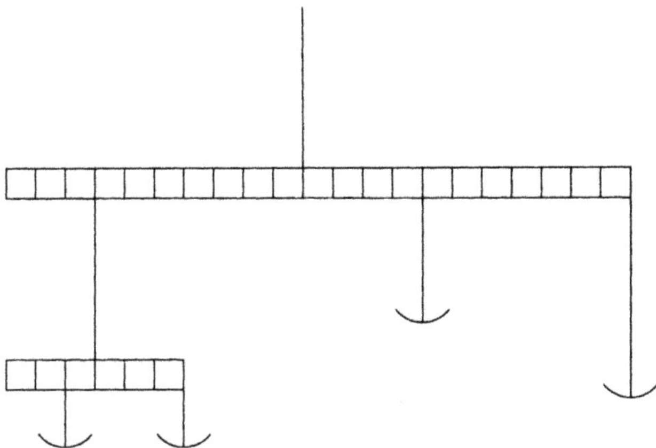

Insérez 4 poids respectivement de 2, 3, 4 et 6 unités, de façon à ce que les balances s'équilibrent parfaitement.

14. Ma montre indiquait l'heure exacte jusqu'à midi. Après, elle a commencé à perdre dix-sept minutes par heure jusqu'à il y a 6 heures, heure à laquelle elle s'est arrêtée de façon définitive. Elle indique à présent 14 h 52. Quelle heure est-il ?

15.

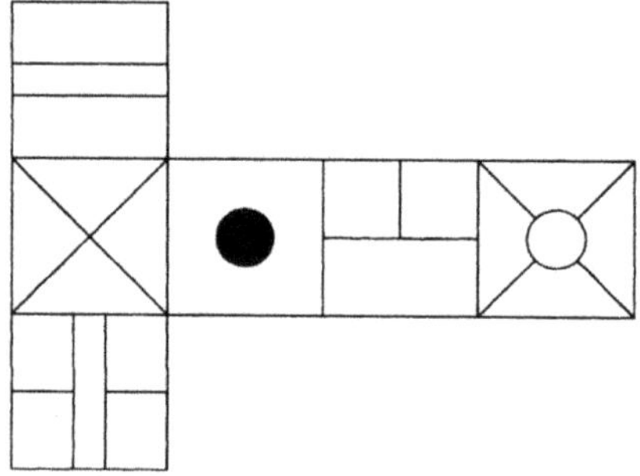

Lorsqu'on plie la figure ci-dessus pour former un cube, lequel parmi les cubes ci-dessous obtient-on ?

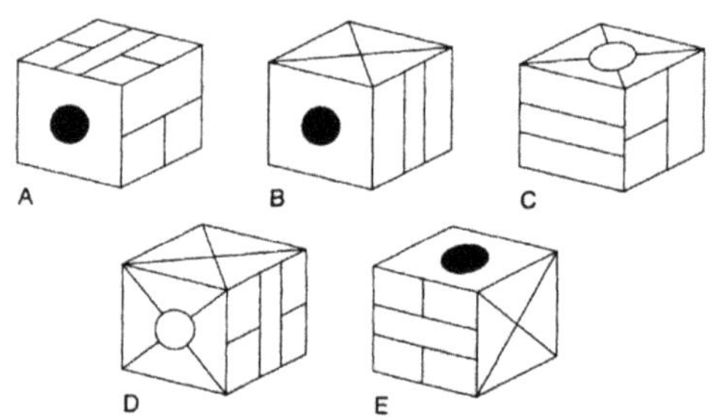

16. 1, 101, 15, 4, 29, -93, -190, ?

Quel est le nombre qui doit remplacer le point d'interrogation ?

17.

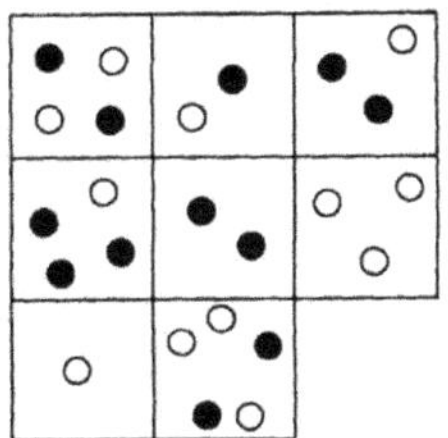

Quelle est la case manquante ?

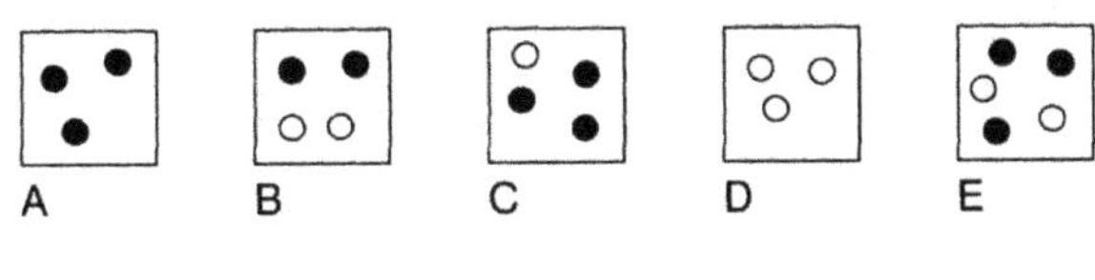

18.

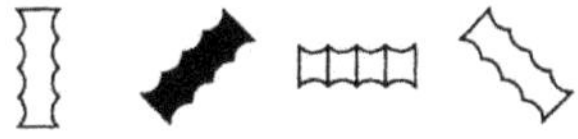

Quelle est la suite logique de la série ci-dessus ?

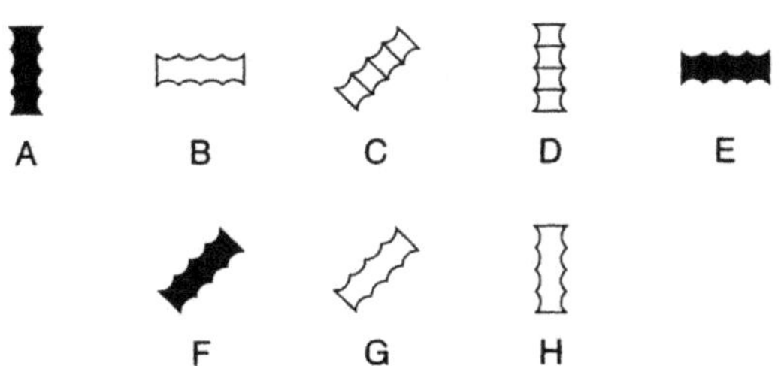

19.

A	B	C	D	E	
F	G	H	I	J	
K	L	M	N	O	
P	Q	R	S	T	
U	V	W	X	Y	Z

Quelle lettre se trouve deux lettres au-dessus de la lettre deux lettres à gauche de la lettre immédiatement au-dessus de la lettre trois lettres à droite de la lettre Q ?

20.

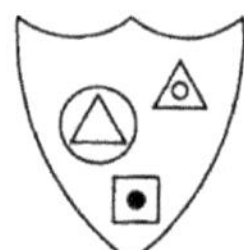

Parmi les figures ci-dessous, laquelle a le plus d'éléments en commun avec la figure ci-dessus ?

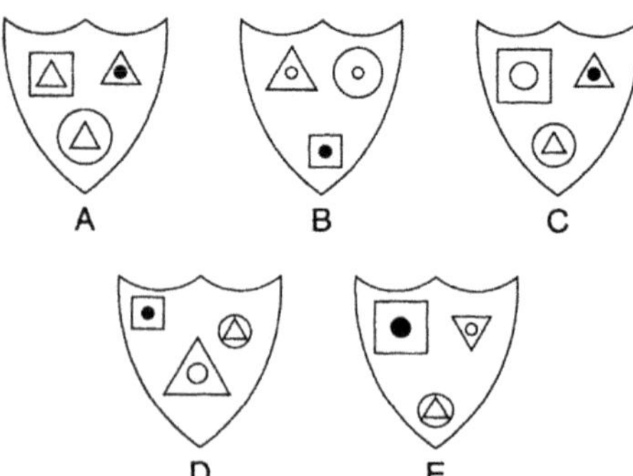

21. 15, 5, 8, 24, 21, 7, 10, 30, ?, ?, ?, 36, 33

Quels sont les trois nombres manquants ?

22. Trouvez le chiffre qui doit remplacer le point d'interrogation.

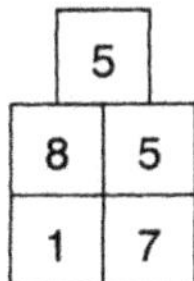

4
7 6
1 9

?
9 1
1 3

23. Le bouton A commande les lumières 1 et 2 on/off ou off/on ;
Le bouton B commande les lumières 2 et 4 on/off ou off/on ;
Le bouton C commande les lumières 1 et 3 on/off ou off/on ;
Le bouton D commande les lumières 3 et 4 on/off ou off/on.

= ON

= OFF

Les boutons D, C, A et B sont actionnés à tour de rôle, de sorte qu'on passe de la figure 1 à la figure 2. Quel bouton ne fonctionne pas du tout ?

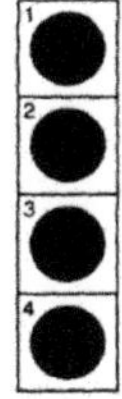

Figure 1

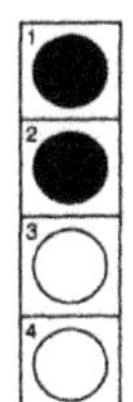

Figure 2

24. Trouvez le nombre qui doit remplacer le point d'interrogation.

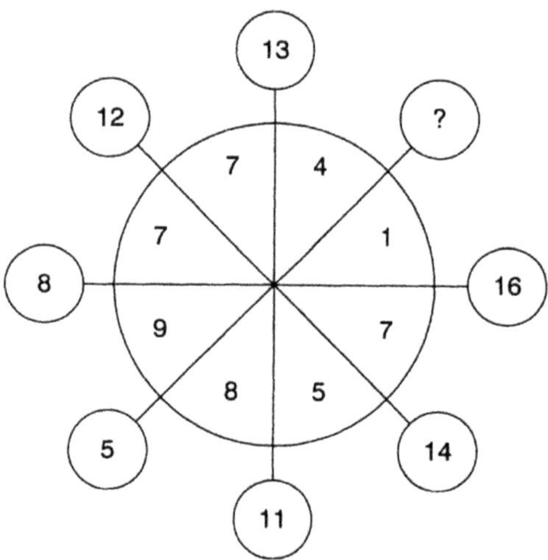

25.

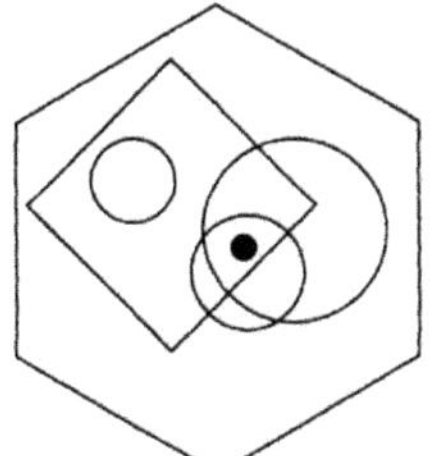

À quel hexagone ci-dessous peut-on ajouter un point afin qu'il soit dans le même agencement que celui de l'hexagone ci-dessus ?

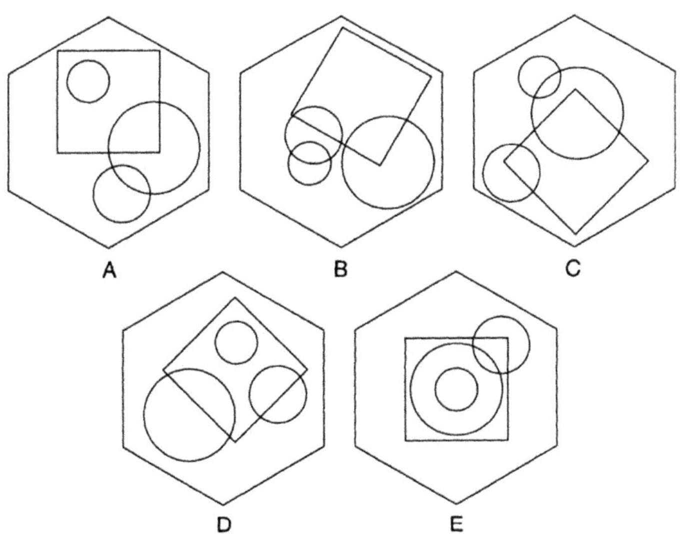

TEST 7 - Réponses

1. E. À chaque étape, un point blanc s'ajoute, à la fois verticalement et horizontalement, et tous les points blancs sont reliés entre eux.

2. B. Pour les lignes horizontales, la logique est la suivante : +2, -3, +2. Pour les lignes verticales : -3, +2, -3.

3. Le verre.

4. 5. (8+7) x 5 = 75.

5. B. Les symboles noirs deviennent blancs, et inversement.

6. 7,5. Suivant la logique de la suite : + 4 ; ÷ 2 ; + 4, etc.

7. Méridien, parallèle.

8. B. Ligne par ligne, et colonne par colonne, il faut additionner les trois premiers nombres pour obtenir le quatrième.

9. Observer.

10. La case 7 est incorrecte et doit être remplacée par la case B.

11. Frivolité, sobriété.

12. Mandibule. C'est un os de la mâchoire, les autres sont des os de la jambe.

13.

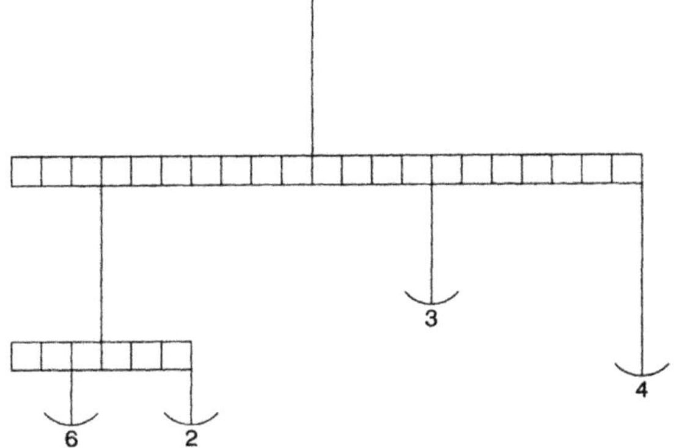

6 x 1 = 2 x 3 : 7 x 8 (6+2) = 56
11 x 4 = 44
4 x 3 = 12
44 + 12 = 56

14. 22 h.
 12 h = 12 h
 13 h = 12 h 43
 14 h = 13 h 26
 15 h = 14 h 09
 16 h = 14 h 52
 + 6 heures = 22 h

15. D.

16. 57. Il y a deux suites qui alternent : + 14, - 97.

17. A. Chaque ligne horizontale et verticale contient cinq points noirs et quatre points blancs.

18. A. La figure bascule de 45° à chaque étape et passe du blanc au noir aux rayures.

19. C.

20. D. Car il y a un triangle dans un cercle, un cercle dans un triangle (le triangle est orienté dans la même direction) et un point noir dans un carré.

21. 27, 9, 12. Suivant la logique de la suite : ÷ 3, + 3, x 3, - 3, et ainsi de suite.

22. 7. 91 ÷ 13.

23. Le bouton D est défectueux.

24. 17. C'est la somme des deux chiffres (9 + 8) du quart de cercle diamétralement opposé.

25. E. Ainsi, le point apparaît dans deux cercles et un carré.

TEST 8 - Questions

1.

Parmi les figures, A, B, C, D, E, laquelle vient dans le prolongement de la séquence ci-dessus ?

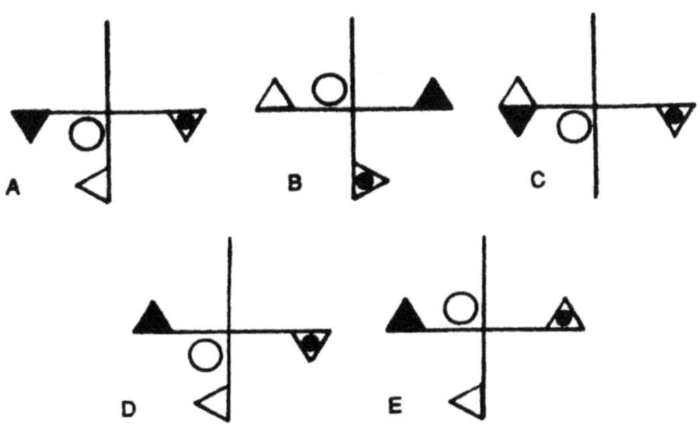

2. Un sac de pommes de terre pèse 16 kg divisés par le quart de son poids. Quel est le poids du sac ?

3. Quel est l'antonyme du mot vanter ?
applaudir, dénigrer, apaiser, exalter.

4. Quels sont les deux antonymes ?
vol, compliqué, irrégulier, chaud, simple, fertile

5. Quel est l'intrus ?

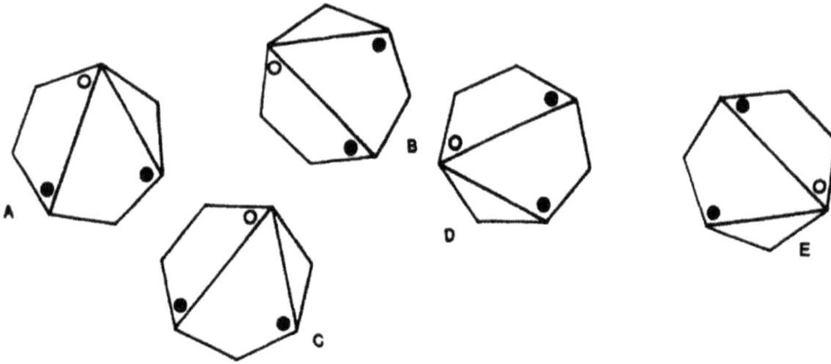

6. S'il faut deux ans à la planète A pour tourner autour du soleil, et un an à la planète B, quand seront-elles de nouveau alignées sur le soleil ?

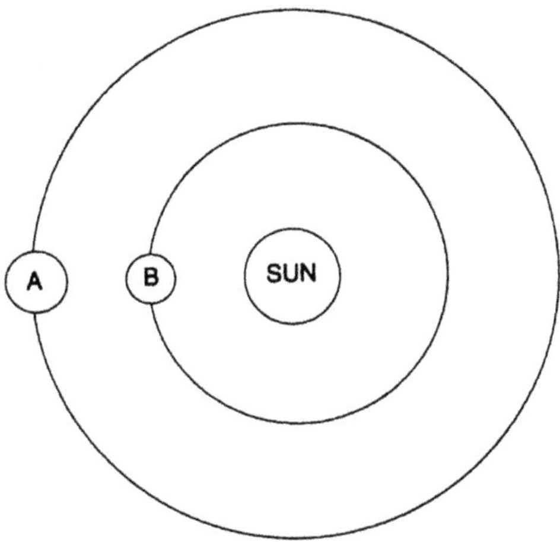

7. Quel est l'intrus ?
hexagone ;
pyramide ;
carré ;
pentagone.

8.

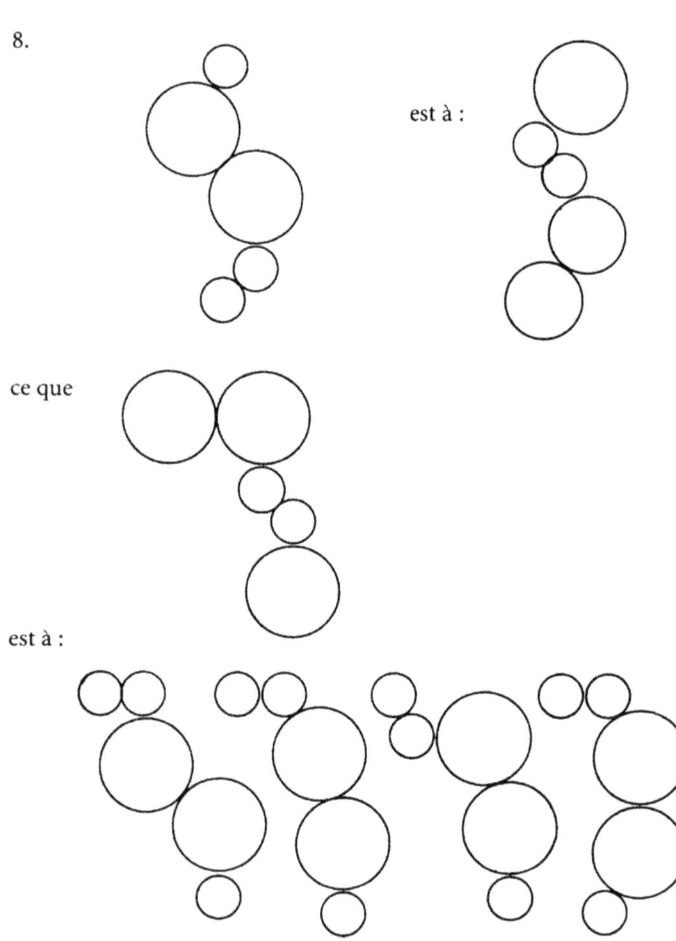

9. Trouvez le nombre qui doit remplacer le point d'interrogation.

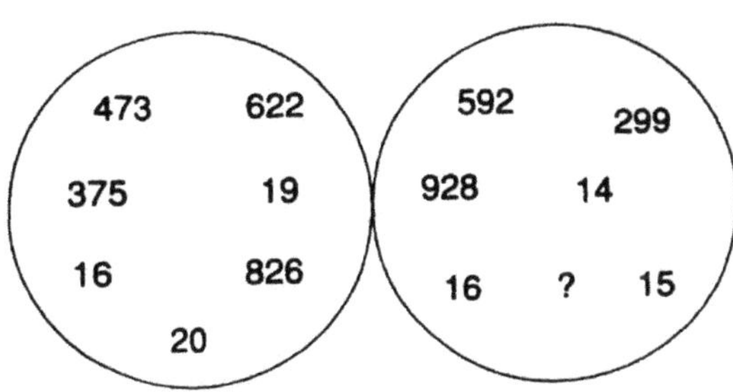

10. Trouvez le nombre qui doit remplacer le point d'interrogation.

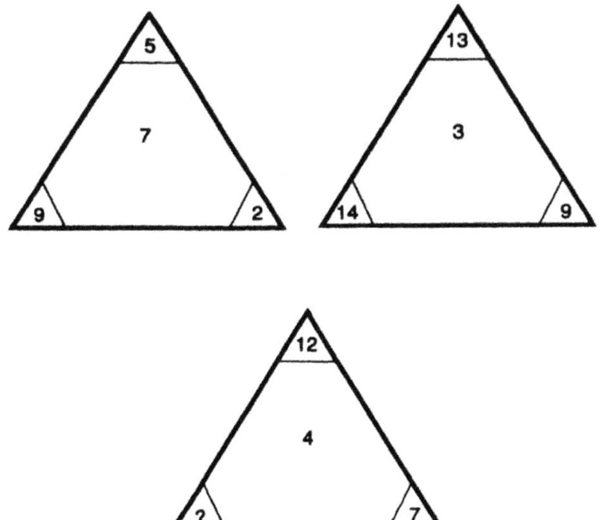

11.

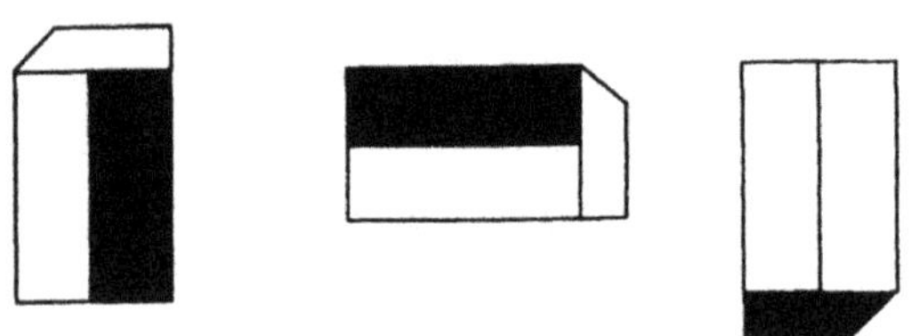

Quelle est la suite de la séquence ci-dessus ?

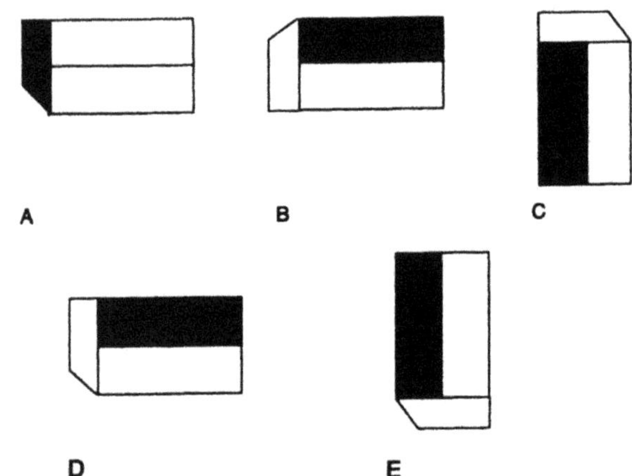

12.

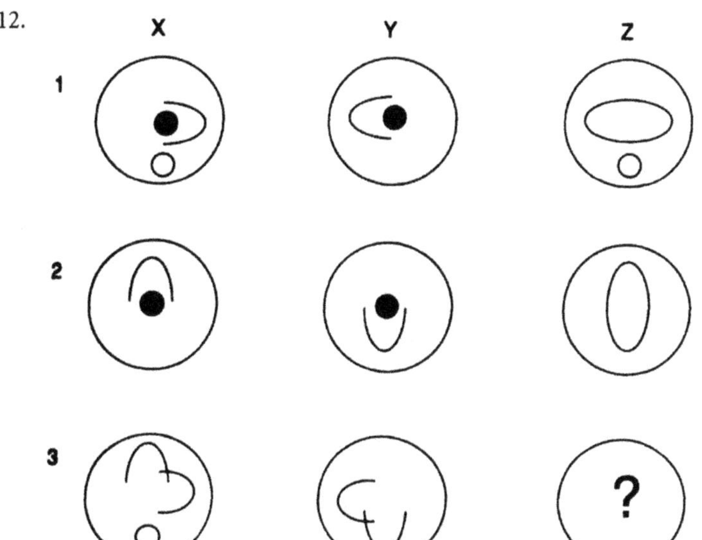

Trouvez le cercle qui doit remplacer le point d'interrogation.

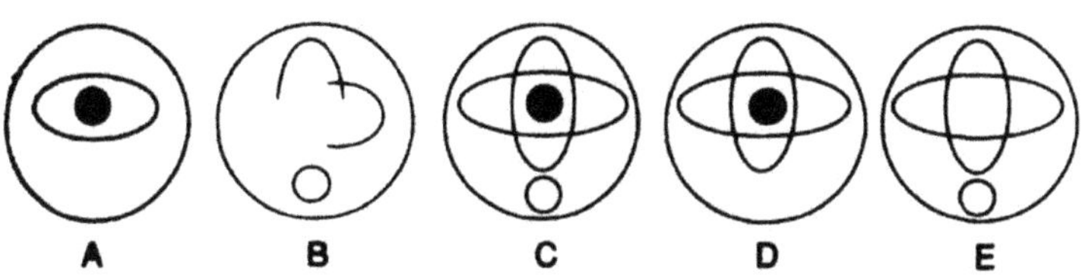

13. Trouvez les deux groupes de quatre lettres qui, réunis, forment un mot de huit lettres :
AMOP ALIS LURE DENT TANT GREN SELE DEVO IRRI DINE

14. Quel est le prochain nombre de cette suite ?
-3, +6, +2, -3, +7, -12, ?

15. Quel ingrédient inclut-on obligatoirement dans la recette de la dragée ?
des grains de poivre ;
du lard ;
du jambon ;
du sucre.

16. Trouvez le nombre qui doit remplacer le point d'interrogation.
0,67 ; 0,69 ; 0,48 ; 0,88 ; 0,29 ; 1,07, ?

17.

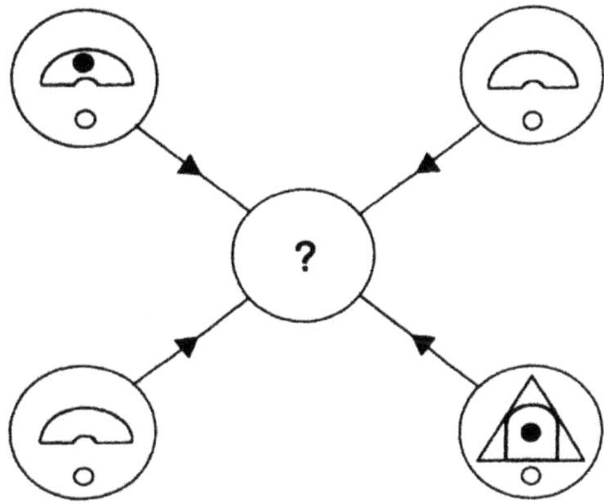

Chaque ligne et chaque symbole des quatre cercles extérieurs ci-dessus sont reportés dans le cercle du milieu suivant les règles suivantes : si un symbole ou une ligne apparaît dans les cercles extérieurs :

1 fois : il ou elle est reporté(e) dans le cercle au centre ;
2 fois : il ou elle n'est pas obligatoirement reporté(e) ;
3 fois : il ou elle est reporté(e) ;
4 fois : il ou elle n'est pas reporté(e).

Lequel de ces cercles, A, B, C, D ou E, devrait-on placer au centre du diagramme montré ci-dessus ?

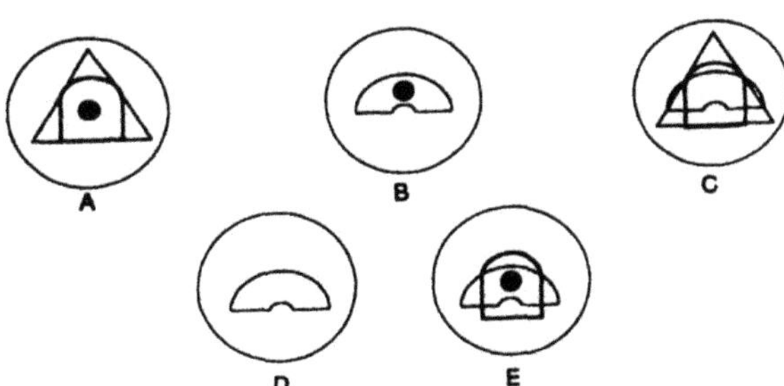

18.

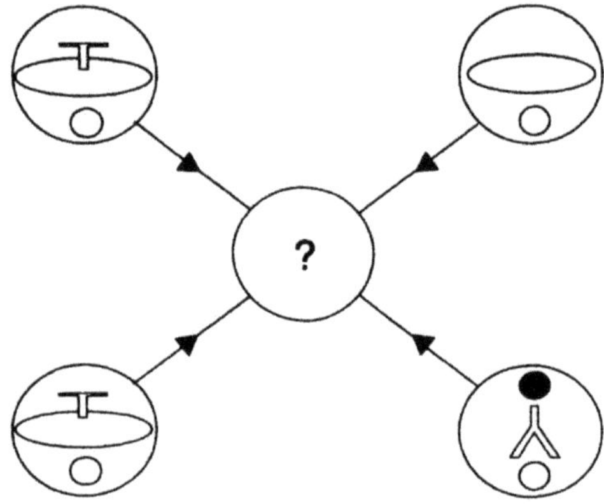

Chaque ligne et chaque symbole des quatre cercles extérieurs ci-dessus sont reportés dans le cercle du milieu suivant les règles suivantes : si un symbole ou une ligne apparaît dans les cercles extérieurs :
1 fois : il ou elle est reporté(e) dans le cercle au centre ;
2 fois : il ou elle n'est pas obligatoirement reporté(e) ;
3 fois : il ou elle est reporté(e) ;
4 fois : il ou elle n'est pas reporté(e).

Lequel de ces cercles, A, B, C, D ou E, devrait-on placer au centre du diagramme montré ci-dessus ?

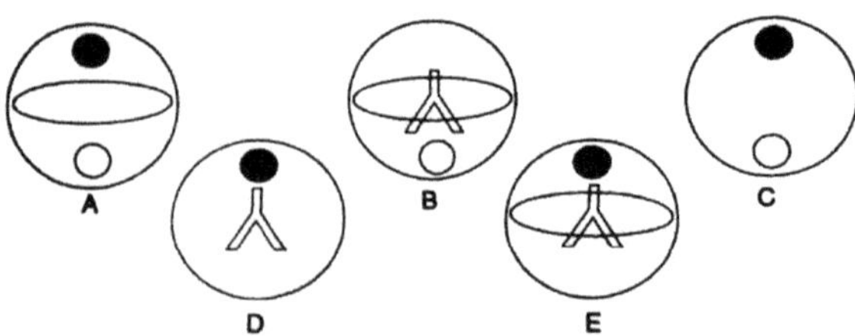

19. Trouvez le nombre qui doit remplacer le point d'interrogation.

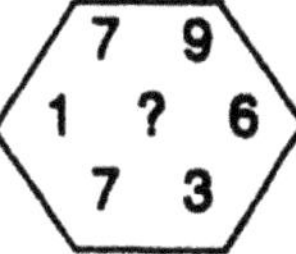

20.

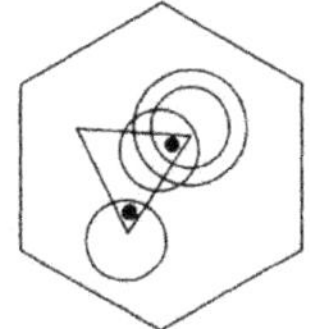

À quel hexagone ci-dessous peut-on ajouter un point, afin que les deux points soient dans le même agencement que ceux de l'hexagone ci-dessus ?

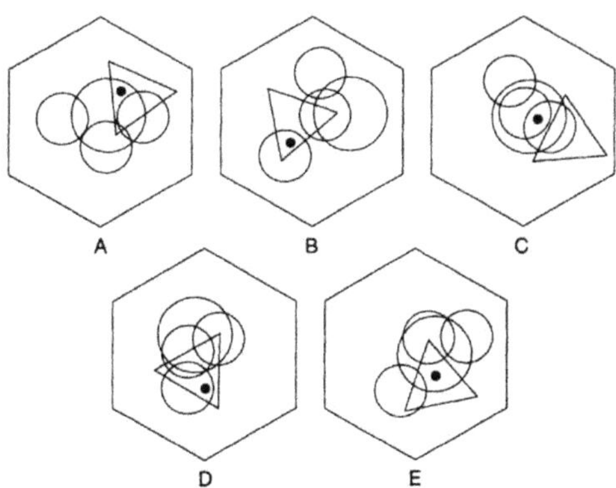

21. Quelle lettre se trouve directement en face de la lettre à deux lettres dans le sens des aiguilles d'une montre de la lettre directement en face de la lettre E ?

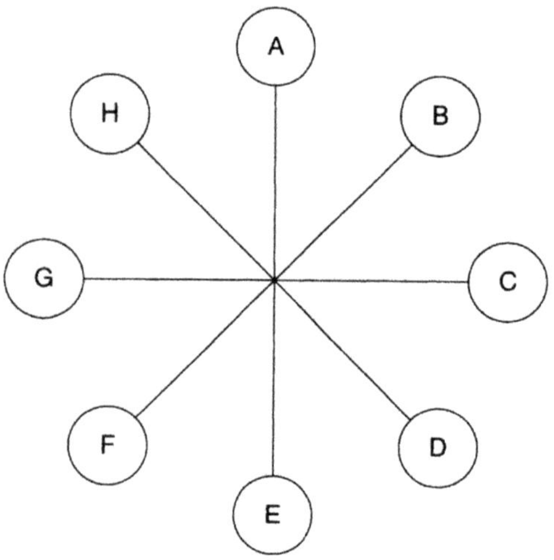

22.

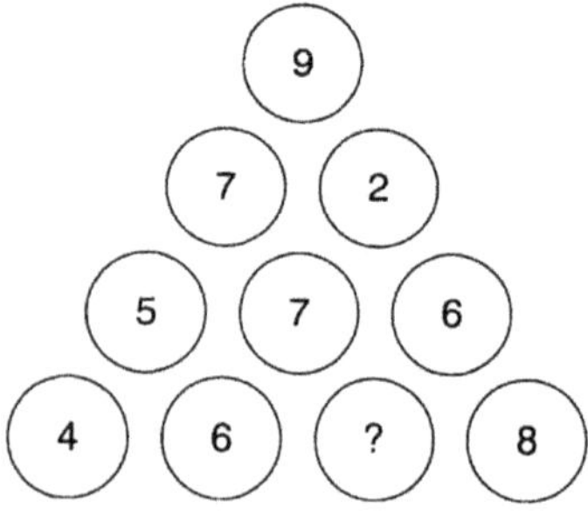

Trouvez le nombre qui doit remplacer le point d'interrogation.

23.

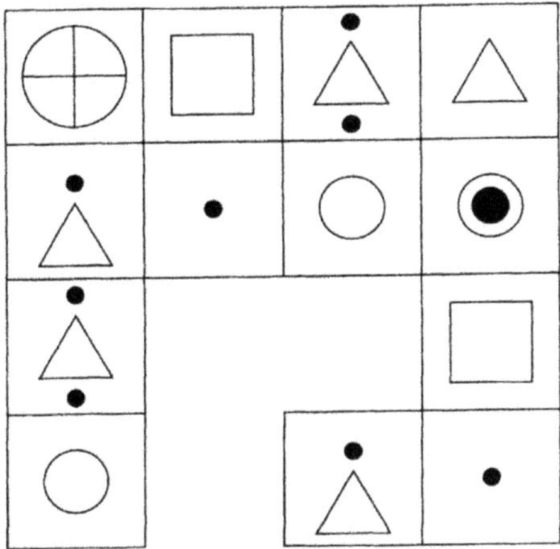

Quelle est la partie manquante ?

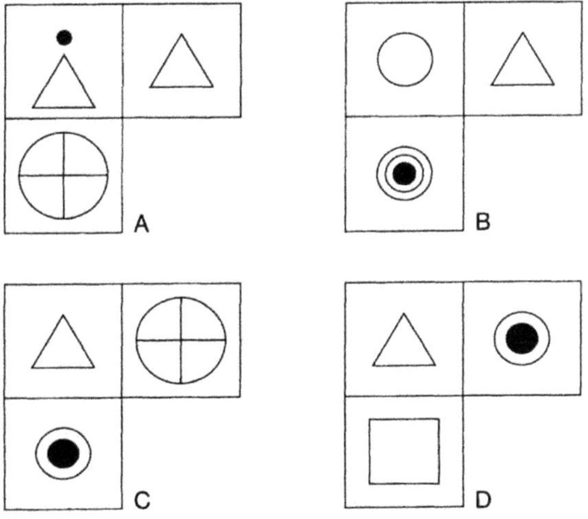

24.

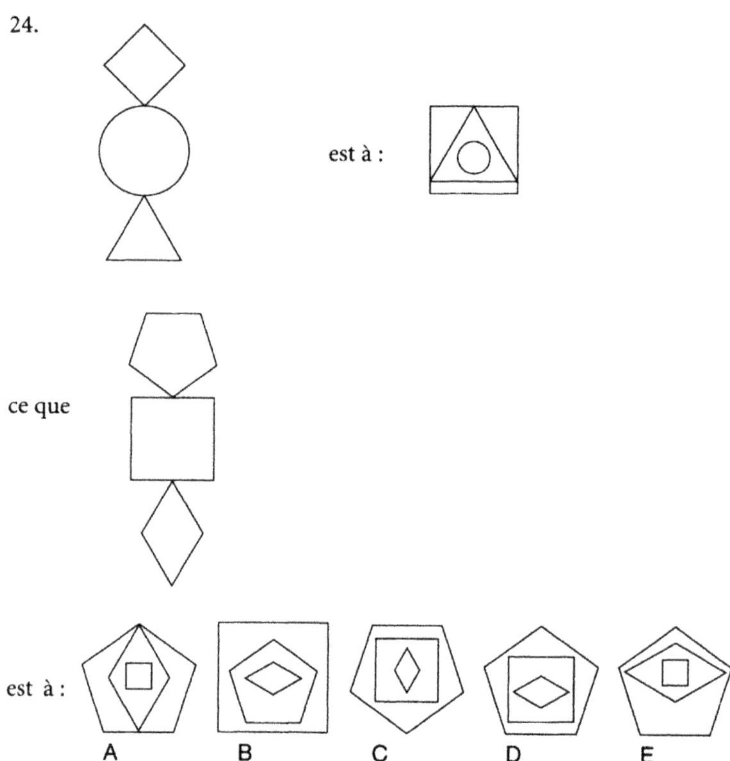

25. Quel est l'intrus ?
bannière, hampe, fanion, banderole, oriflamme

TEST 8 - Réponses

1. D. Le triangle noir se pose sur chaque segment à tour de rôle, le triangle blanc passe d'un côté à l'autre du segment, le triangle comportant un cercle se déplace d'une extrémité à l'autre du segment horizontal (alternativement au-dessus puis en dessous du segment) et le cercle se déplace dans le sens des aiguilles d'une montre au centre de la figure, angle par angle.

2. 8 kg. $16 \div 2 = 8$

3. Dénigrer.

4. Compliqué, simple.

5. D. Les autres sont tous la même figure, pivotée.

6. Douze mois plus tard.

7. b. pyramide. (celle-ci est pleine alors que les autres sont des polygones)

8. A. Les grands cercles deviennent des petits cercles et vice-versa.

9. 10. Chaque nombre à deux chiffres est la somme des chiffres de l'un des nombres à trois chiffres du cercle opposé.

10. 16. 12 + 16 = 28 / 7 = 4

11. D. À chaque étape, la figure pivote de 90° et c'est une autre surface qui est colorée en noir.

12. E. On ajoute x à y pour obtenir z et 1 à 2 pour obtenir 3, mais les symboles identiques s'annulent.

13. IRRITANT.

14. + 12. Il y a deux suites : l'une avec + 5 et l'autre avec – 9.
- 3, + 2, + 7, + 12
+ 6, - 3, - 12

15. Du sucre.

16. 0,10. Il y a deux suites : une avec - 0,19 et une avec + 0,19 :
(- 0,19) 0,67 ; 0, 48 ; 0,29 ; 0,10
(+ 0,19) 0,69 ; 0,88 ; 1,07 ; 1,26.

17. C.

18. E.

19. 11. Les nombres diamétralement opposés sont soustraits puis additionnés :

6 – 1 = 5	8 – 3 = 5	7 – 3 = 4
7 – 2 = 5	4 – 2 = 2	9 – 7 = 2
9 – 3 = 6 +	9 – 1 = 8 +	6 – 1 = 5 +
16	15	11

20. D. Un point apparaît dans le triangle et dans un cercle ; et l'autre point apparaît dans le triangle et dans trois cercles.

21. G.

22. 0. Partez du haut, et lisez ligne par ligne : 9 x 8 = 72 ; 72 x 8 = 576 ; 576 x 8 = 4608.

23. C. Chaque bloc de quatre carrés (composant l'angle de la figure) est identique au bloc opposé.

24. A. Le carré va à l'intérieur du losange et le losange va à l'intérieur du pentagone, qui se retourne sur sa base.

25. La hampe. C'est le support pour un drapeau. Les autres sont tous des types de drapeaux.

TEST 9 - Questions

1. Quels nombres doit-on mettre à la place des points d'interrogation ?

2	6	30	?
3	5	11	?

2. Quel est l'intrus ?
titulaire, obligatoire, intrinsèque, impératif, immuable.

3. Trouvez le nombre qui doit remplacer le point d'interrogation.

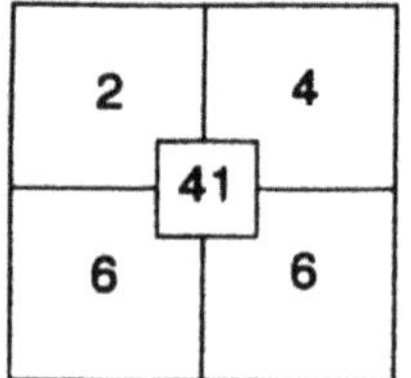

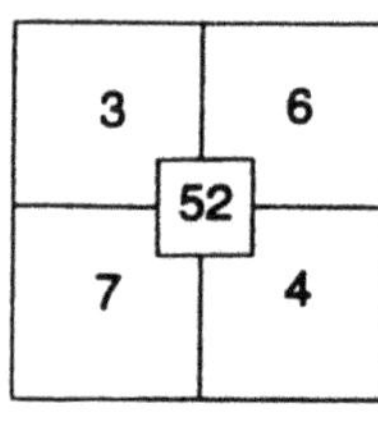

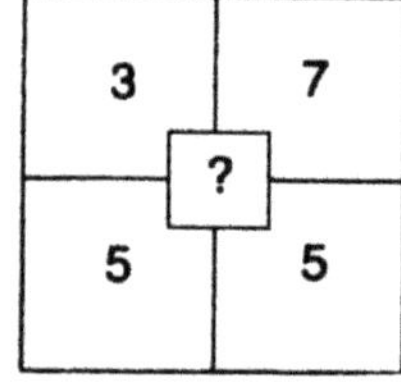

4. Quel est l'intrus ?

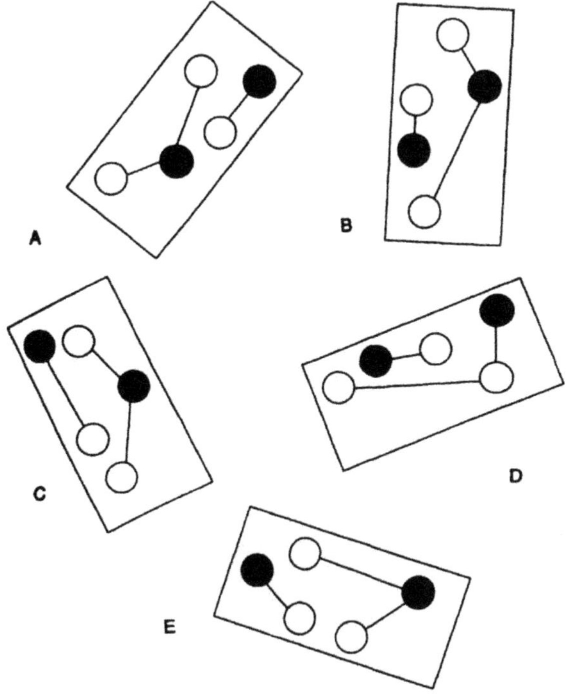

5. Newton est à la gravité ce que Kelvin est à :
la fréquence, la pression, la lumière, la température, le son.

6. Commencez par une lettre dans l'un des angles, puis tournez dans le sens des aiguilles d'une montre tout autour de la figure, en finissant par la lettre centrale, afin d'épeler un mot composé de neuf lettres. Vous devez trouver les lettres manquantes.

?	N	O
T	E	?
R	O	P

7.

Lequel des carrés ci-dessous a le plus d'éléments en commun avec le carré ci-dessus ?

A

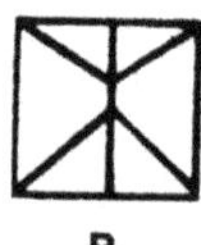
B

C

D

E

8. Trouvez les lettres qui doivent remplacer les points d'interrogation.
A W F N ?
Z C S J ?

9. Trouvez le chiffre qui doit remplacer le point d'interrogation dans le dernier triangle en bas à droite.

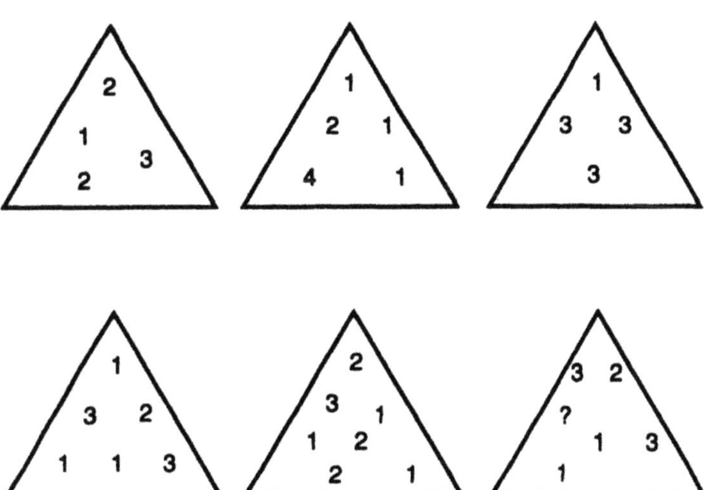

10. Par quel nombre doit-on remplacer le point d'interrogation ?
492, 366, 189, 810, ?

11.

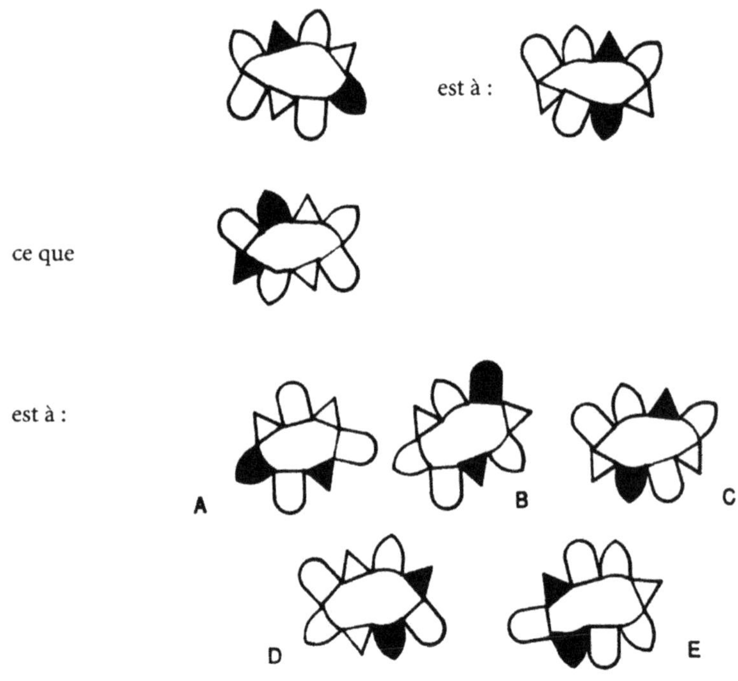

12. Qu'est-ce qu'un cairn ?
un loch ;
une vallée ;
un amas de pierres ;
un point de vue.

13.

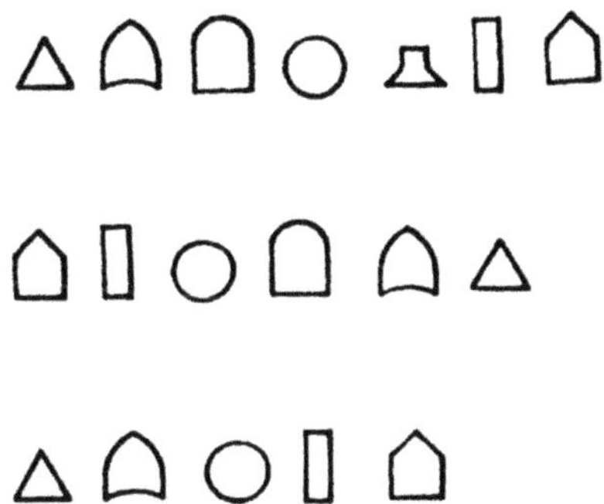

Quelle est la suite de la série ci-dessus ?

A

B

C

D

E

F

14. Trouvez le nombre qui doit remplacer le point d'interrogation.

8	2	5	38
7	4	9	59
6	3	7	39
5	1	7	?

15. Lequel des termes ci-dessous n'est pas un nuage ?
    cumulus ;
    stratus ;
    fumerolle ;
    nimbus.

16. Trouvez le nombre manquant.

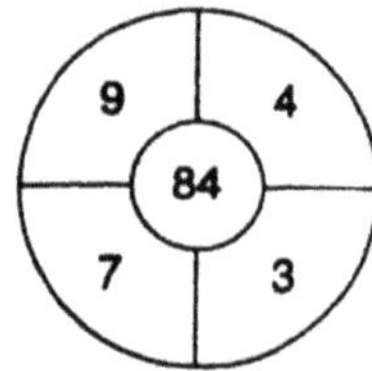

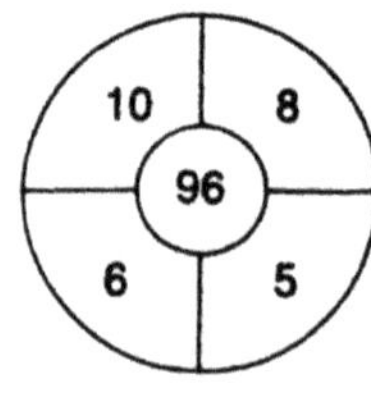

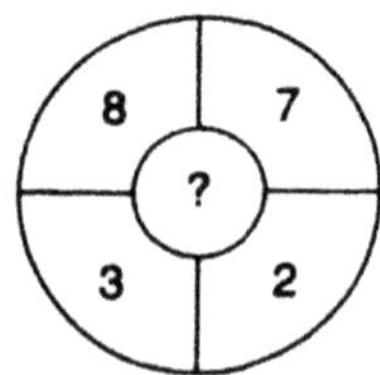

17.

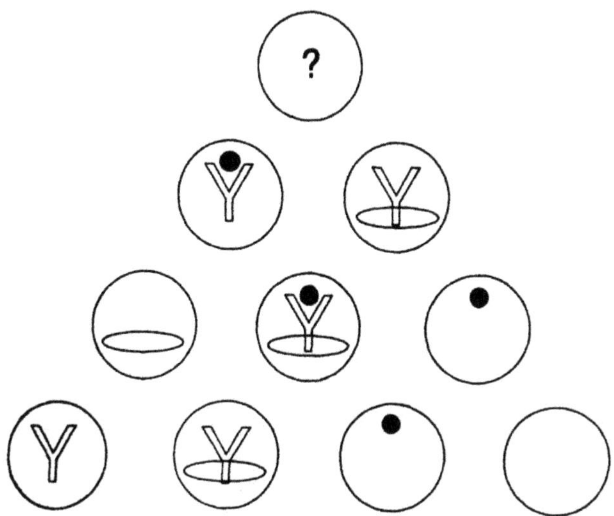

Par quel cercle ci-dessous doit-on remplacer le point d'interrogation ?

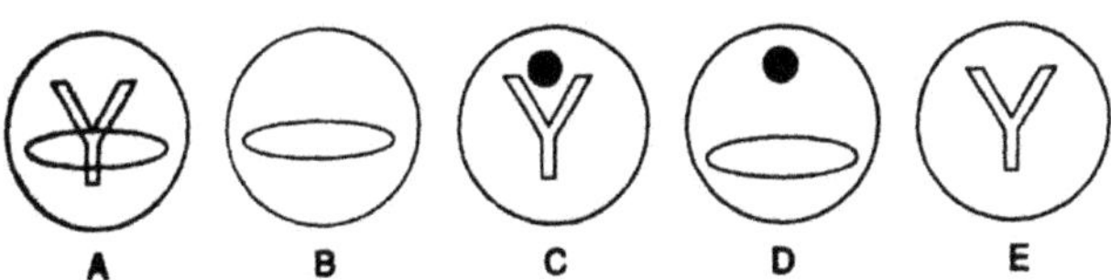

18.

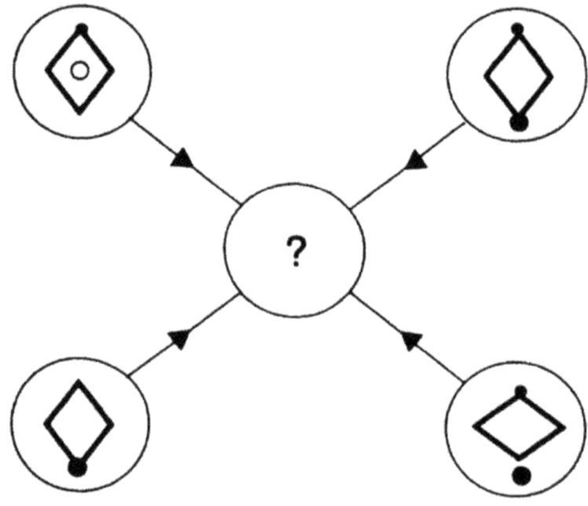

Chaque ligne et chaque symbole des quatre cercles extérieurs ci-dessus sont reportés dans le cercle du milieu suivant les règles suivantes : si un symbole ou une ligne apparaît dans les cercles extérieurs :
1 fois : il ou elle est reporté(e) dans le cercle au centre ;
2 fois : il ou elle n'est pas obligatoirement reporté(e) ;
3 fois : il ou elle est reporté(e) ;
4 fois : il ou elle n'est pas reporté(e).

Lequel de ces cercles, A, B, C, D ou E, devrait-on placer au centre du diagramme montré ci-dessus ?

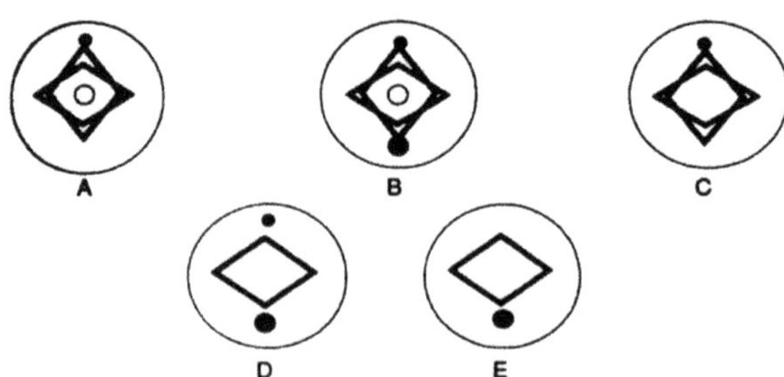

19. Trouvez le nombre manquant :
 7/8, $1^{3/8}$, ?, $2^{3/8}$, $2^{7/8}$

20. Parmi les groupes de trois lettres ci-dessous, réunissez-en deux de façon à former un mot composé de six lettres :
 LIA PAN FOD DAH AST SIE DAF TUL IPE ERR

 Indice : fleur.

21. Placez les numéros 11 à 25 dans le carré ci-dessous afin d'obtenir, en additionnant les lignes horizontales, verticales ainsi que les deux lignes en diagonale, le nombre 65, à chaque fois.

	6		8	
			9	5
	7	1		
3				2
10			4	

22. Trouvez deux synonymes parmi les mots ci-dessous :
 rectitude, vil, essentiel, désagrément, manifeste, raillerie, honnêteté, assertion.

23. Quel mot entre parenthèses est synonyme du mot en lettres capitales ?
 INTRINSÈQUE (préliminaire, importun, obstiné, élémentaire, fascinant)

24. Peter, Paul et Mary partagent une certaine somme d'argent entre eux. Peter en prend 2/5, Paul 0,55 et Mary reçoit 45 euros. Quel est le montant de cette somme ?

25. 

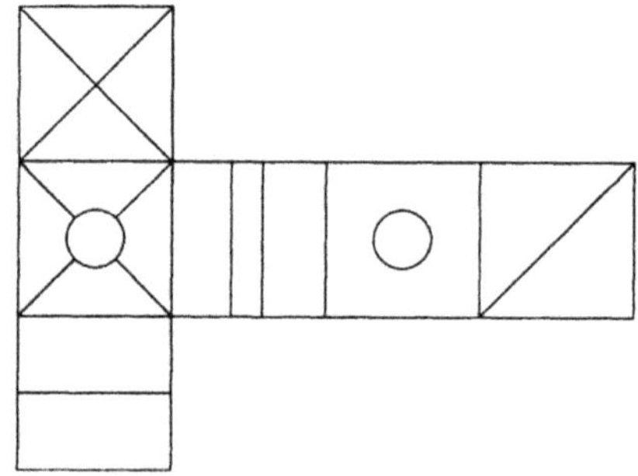

Lorsqu'on plie la figure ci-dessus pour former un cube, lequel parmi les cubes ci-dessous obtient-on ?

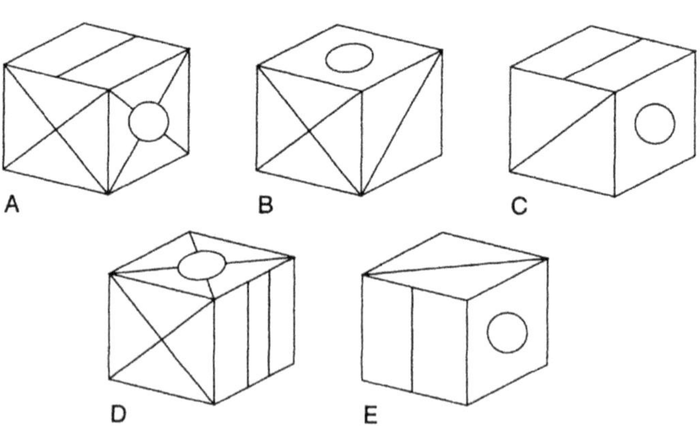

TEST 9 - Réponses

1. 330 et 41. Multipliez les deux nombres de la colonne précédente pour obtenir le nombre du haut de la colonne suivante, et additionnez les deux mêmes nombres pour obtenir le nombre du bas. Ainsi, 30 x 11 = 330, 30 + 11 = 41.

2. « Intrinsèque », c'est-à-dire « nécessaire » par essence, une chose essentielle, indissociable d'un tout. Les autres termes décrivent une chose qui est nécessaire par devoir.

3. 75. 5 x 75 = 375. De même, 7 x 52 = 364.

4. D. Dans toutes les autres figures, le cercle noir se trouve au milieu d'une chaîne de trois cercles reliés entre eux.

5. Température.

6. Opportune. Il faut ajouter les lettres « p » et « u ».

7. B. Cette figure a une symétrie latérale. En d'autres termes, si on coupait le carré en deux, de haut en bas le long de l'axe central, les deux moitiés (droite et gauche) seraient identiques.

8. O et H. Il y a deux suites qui vont de haut en bas des colonnes, comme suit :

AbCdeFghiJklmnO, et ZyxWvutSrqpoNmlkjiH.

9. 3. Les nombres obtenus en additionnant les chiffres de chaque triangle se suivent : 8, 9, 10, 11, 12, 13.

10. 88. 8 x 1 = 8, 8 + 0 = 8.

11. D. Les figures sont dans le même ordre autour du corps central.

12. Un amas de pierres.

13. B. À chaque étape, inversez l'ordre des symboles de la ligne et enlevez la troisième figure en partant de la fin de la ligne.

14. 34. Il faut multiplier le chiffre de la première colonne par celui de la troisième, et soustraire le chiffre de la deuxième : (5x7) – 1 = 34.

15. Fumerolle.

16. 84. (7 x 4) x 9/3 = 84 ; (6 x 8) x 10/5 = 96 ; (3 x 7) x 8/2 = 84.

17. D. Sur chaque ligne, les symboles de deux cercles fusionnent pour former le cercle au-dessus d'eux, mais les symboles identiques s'annulent.

18. B.

19. $1^{7/8}$ (+ ?)

20. Dahlia.

21.

17	6	12	8	22
24	13	14	9	5
11	7	1	25	21
3	23	18	19	2
10	16	20	4	15

22. Rectitude, honnêteté.

23. Élémentaire.

24. 900 euros. Transformez tout en vingtièmes : donc, 8/20 + 11/20 = 19/20. Ainsi, 45 euros est égal à 1/20 et la somme d'argent de départ est de 45 x 20 = 900 euros.

25. C.

TEST 10 - Questions

1.

Quelle est la suite de la séquence ci-dessus ?

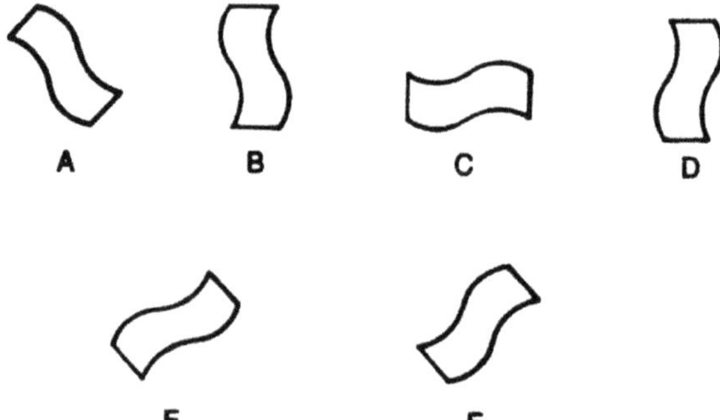

2. À combien de minutes sommes-nous de midi, si 20 minutes plus tôt, l'heure équivalait à trois fois plus de minutes passées de 9 h ?

3. Quel mot entre parenthèses est synonyme du mot en lettres capitales ?

   GLUANT (triste, sirupeux, glouton, affamé, enflammé)

4.

Parmi les figures ci-dessous, laquelle s'inscrit dans le prolongement de la suite ci-dessus ?

5. Trouvez l'intrus :
   Nylon, vigogne, acrylique, polyester, acétate.

6.

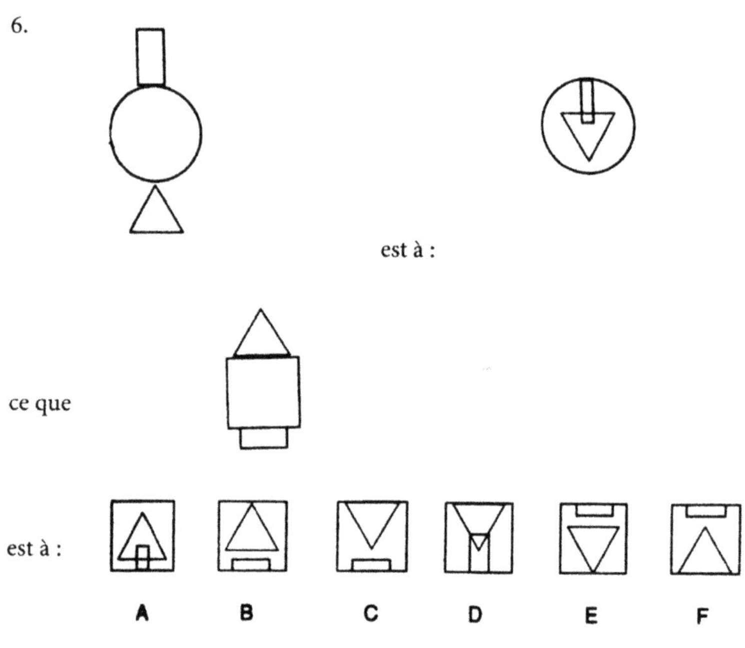

7. Quel est le mot français le plus long que l'on puisse créer à partir des lettres ci-dessous, en n'utilisant chaque lettre qu'une seule fois ?
   IFTYENPAML

8. Trouvez le nombre qui doit remplacer le point d'interrogation.

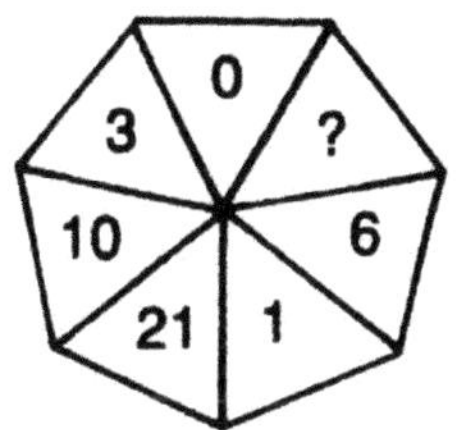

9.

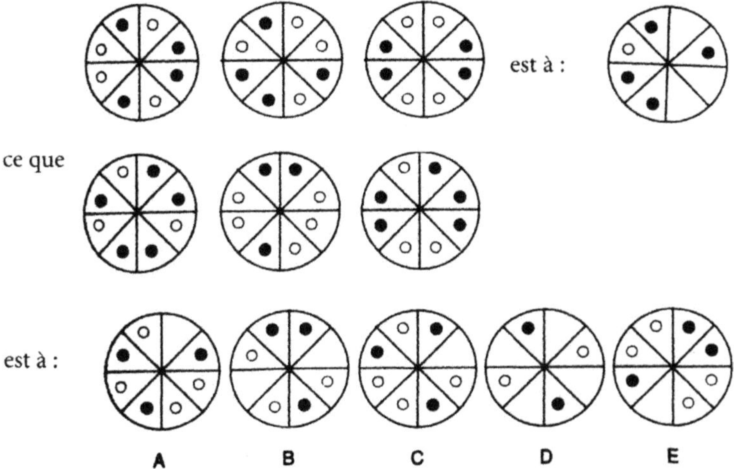

10. Quel est l'intrus parmi les nombres ci-dessous ?
681422
751217
941319
831114
391221
691524
791625

11. Quel est l'intrus parmi les groupes de lettres ci-dessous ?
ADE
ILM
RUV
EHI
VYZ
JLM
FIJ

12. Lequel de ces mots est l'antonyme de pellucide ?
fragile ;
propre ;
opaque ;
cassé.

13. Trouvez les deux mots synonymes :
surprise, fureur, félicité, bienveillance, désire, béatitude, délicat, orageux.

14.

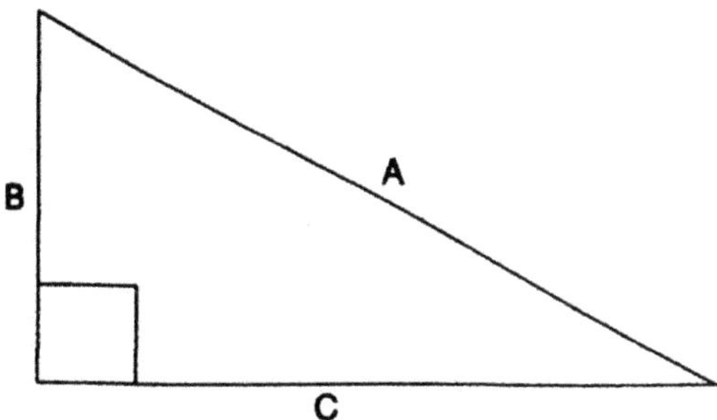

On appelle nombres pythagoriciens les nombres qui obéissent à la règle suivante : $a^2 = b^2 + c^2$, par exemple, $34^2 = 16^2 + 30^2$. Trouvez un autre ensemble de nombres pythagoriciens où b est aussi égal à 16.

15. Qu'est-ce que des « miscellanées » ?
un jeu de cartes ;
un recueil ;
du caramel ;
une glace.

16.

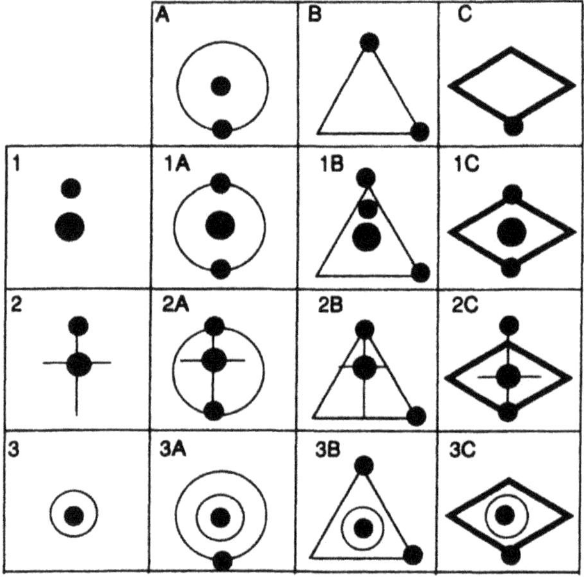

Dans la grille ci-dessus, chacun des neuf carrés, de 1A à 3C, doit inclure toutes les lignes et tous les symboles des carrés qui comportent la même lettre et le même numéro dans la colonne de gauche et la rangée du dessus. Par exemple, le carré 2B doit comporter les mêmes lignes et les mêmes symboles que le carré 2 et le carré B.
Un des carrés est incorrect. Lequel ?

17.

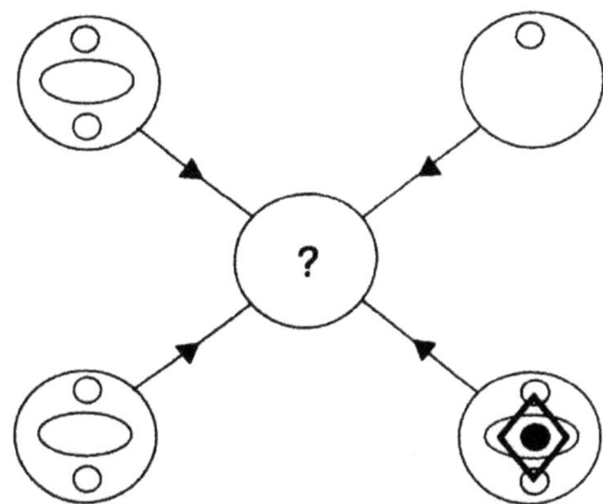

Chaque ligne et chaque symbole des quatre cercles extérieurs ci-dessus sont reportés dans le cercle du milieu suivant les règles suivantes : si un symbole ou une ligne apparaît dans les cercles extérieurs :
1 fois : il ou elle est reporté(e) dans le cercle au centre ;
2 fois : il ou elle n'est pas obligatoirement reporté(e) ;
3 fois : il ou elle est reporté(e) ;
4 fois : il ou elle n'est pas reporté(e).

Lequel de ces cercles, A, B, C, D ou E, devrait-on placer au centre du diagramme montré ci-dessus ?

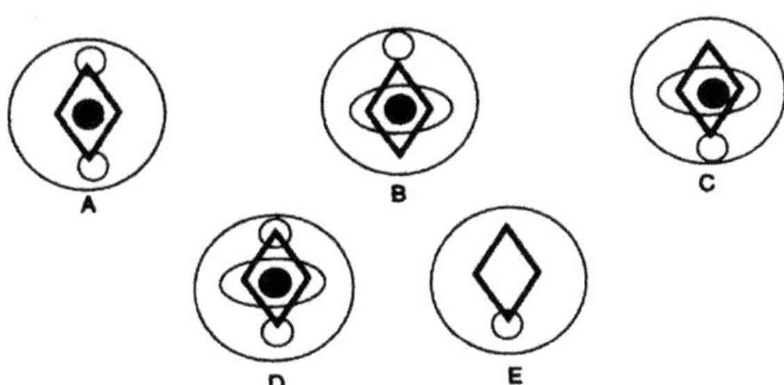

18. Trouvez le nombre qui doit remplacer le point d'interrogation.

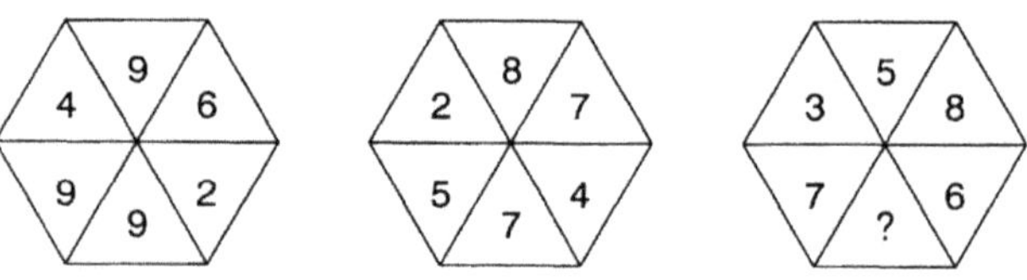

19.

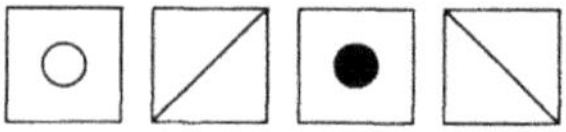

est à :

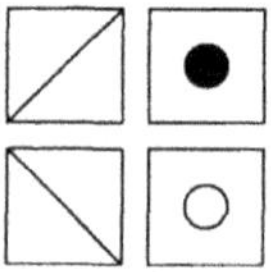

ce que

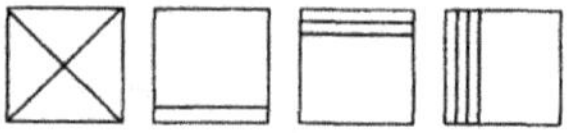

est à :

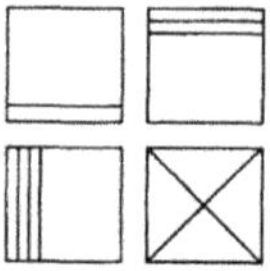

A

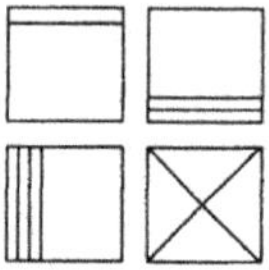

B

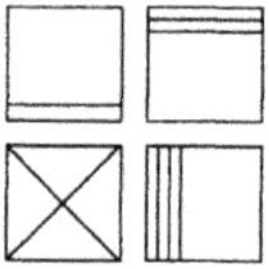

C

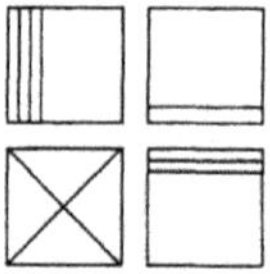

D

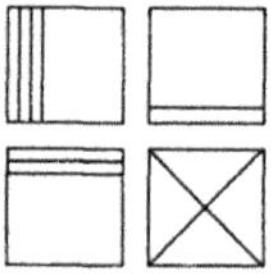

E

20.

1	3	5	7
4	8	?	16
7	?	19	25
10	18	?	34

Quelle est la partie manquante ?

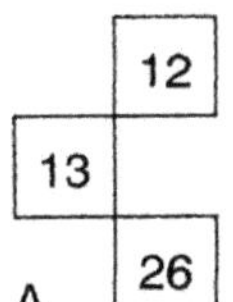

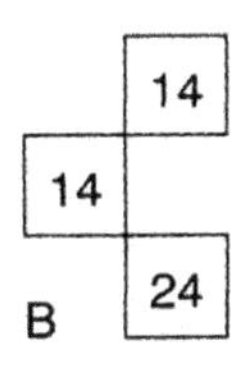

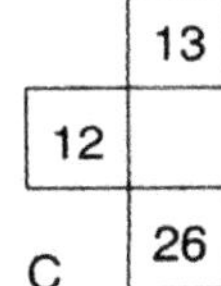

13
14
24
D

21. A B C D E F G H

Quelle lettre se trouve deux lettres à gauche de la lettre quatre lettres à droite de la lettre immédiatement à droite de la lettre A ?

22. Trouvez le nombre qui doit remplacer le point d'interrogation.

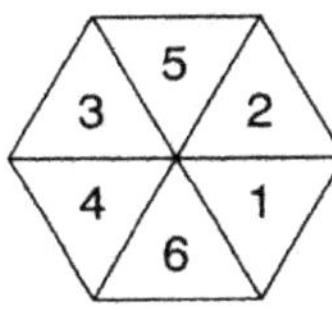

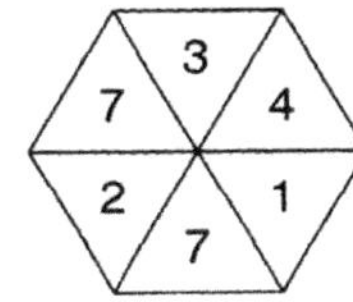

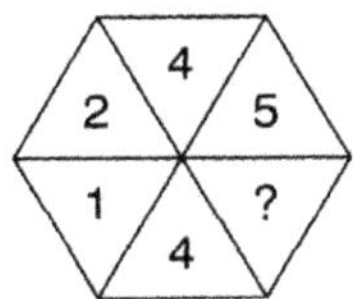

23. Quel est l'intrus ?

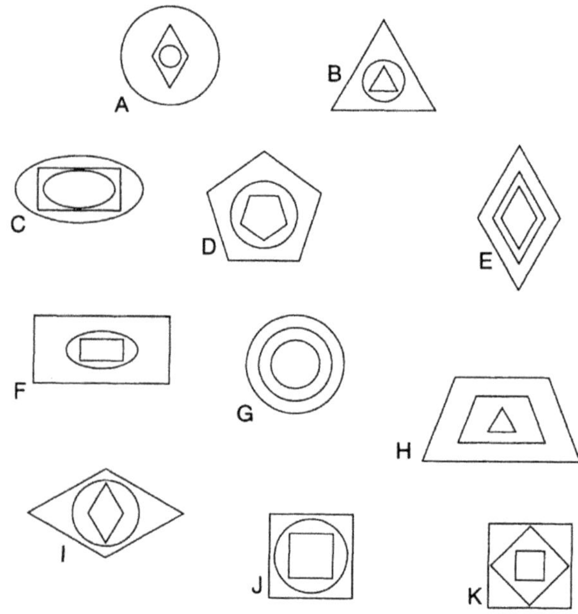

24. 3182596 est à 65283
ce que 6742835 est à 53476
Dès lors, 7496258 est à ?

25. Parmi les quatre figures ci-dessous, trouvez-en trois qui, emboîtées, forment un carré ?
A, B, C, D

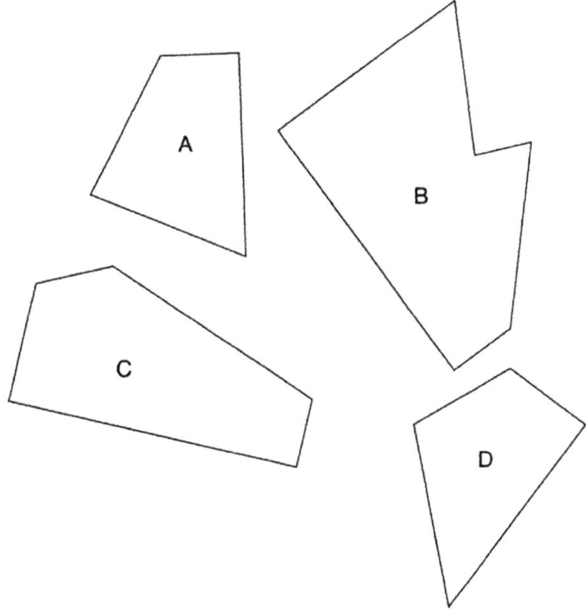

TEST 10 - Réponses

1. D. À chaque étape, la figure pivote de 45° dans le sens des aiguilles d'une montre.

2. 40 minutes, soit 11 h 20.

3. Sirupeux.

4. B. À chaque étape, le segment coloré en noir tourne dans le sens des aiguilles d'une montre. La première fois, il se déplace d'une case, puis de deux, puis de trois, etc.

5. Vigogne. C'est une matière naturelle, les autres sont des matières synthétiques.

6. C. Le symbole du dessus et du dessous se rabattent à l'intérieur du carré.

7. FILAMENT.

8. 15. Commencez par 0 et sautez deux segments à chaque fois dans le sens des aiguilles d'une montre, selon la logique suivante : 0 (+1) 1 (+2) 3 (+3) 6 (+4) 10 (+5) 15 (+6) 21.

9. A. Seuls les points qui apparaissent deux fois – et deux fois seulement – dans le même segment des trois premiers cercles sont reproduits dans le quatrième cercle.

10. 941319. Dans les autres combinaisons, on additionne les deux premiers chiffres pour obtenir le nombre formé par les troisième et quatrième chiffres. Puis, on additionne le second chiffre et ce nombre pour obtenir le nombre formé par les cinquième et sixième chiffres. Par exemple, pour 681 1422 : 6 + 8 = 14 + 8 = 22.

11. JLM. La logique se réfère à l'ordre des lettres dans l'alphabet : dans tous les groupes de lettres (sauf JLM), les deux premières lettres sont espacées de deux lettres dans l'alphabet, tandis que les deux dernières sont consécutives. Par exemple : AbcDE.

12. Opaque.

13. Félicité, béatitude.

14. $65^2 = 16^2 + 63^2$.

15. Un recueil.

16. 2C.

17. C.

18. 1. Le nombre formé en haut est égal à la moitié du nombre formé en bas, soit 358 x 2 = 716.

19. A. Le carré 1 se place en bas à droite, le carré 2 en haut à gauche, le carré 3 en haut à droite et le carré 4 en bas à gauche.

20. A. Horizontalement, ligne après ligne, les chiffres augmentent de +2, +4, +6, +8. Verticalement, les chiffres augmentent de +3, +5, +7, +9.

21. D.

22. 2. La somme des nombres dans la partie ombrée de chaque hexagone est égale à la moitié de la somme des nombres restants.

23. H. Dans tous les autres cas, la figure à l'extérieur est reproduite au centre du schéma.

24. 85647. Inversez l'ordre des chiffres et éliminez le plus grand et le plus petit chiffre.

25.

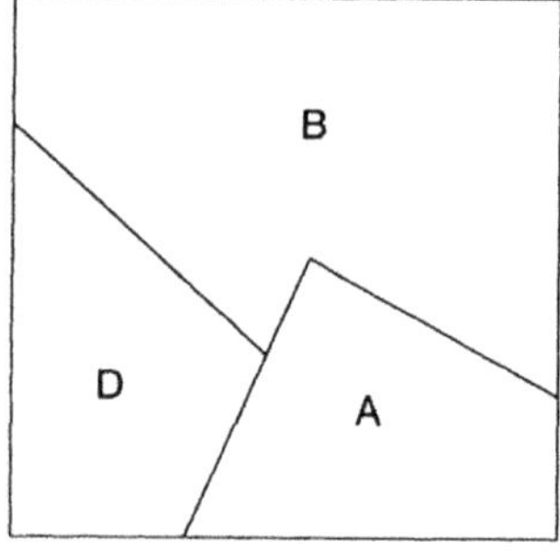

TEST 11 - Questions

1. Qu'est-ce qu'une sédition ?
   une réponse à des stimulus ;
   une source d'apaisement ;
   un terme lié à la boisson ;
   un discours ou une action rebelle ;
   un dépôt de fragments rocheux.

2. À elles deux, Alice et Barbara ont 132 ans. Barbara et Catherine ont 152 ans à elles deux, et Alice et Catherine 142. Quels sont les âges respectifs d'Alice, de Barbara et de Catherine ?

3. Parmi les groupes de quatre lettres ci-dessous, réunissez-en deux pour former un nom de rivière ?
   OURI BLUE NALE CHIN NHAH

   COLO RADI DWAN SAVA MISS

4. Parmi les mots ci-dessous, trouvez deux antonymes :
   abandonner, excuser, revendiquer, brûlé, spasme, indulgence, analogie, lignée.

5. Formez un mot en suivant les segments à l'intérieur du cercle et en vous déplaçant le long de la circonférence.

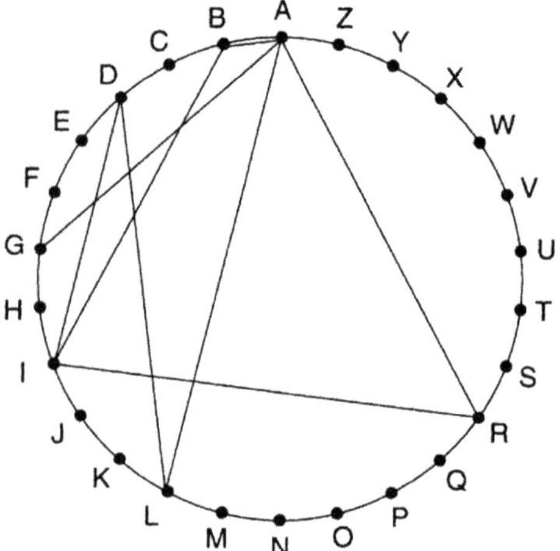

Indice : personne n'arrive à la cheville de ce soldat-là !

6. De combien de manières différentes peut-on agencer le mot PUZZLES ?

7. Parmi les mots ci-dessous, trouvez deux antonymes :
tout, subvertir, remué, inspecter, punir, réparer, un brin.

8. Trouvez les nombres à la place des points d'interrogation.
0, 1, 3, 6, 7, 9, 12, 13, 15, 18, ?, ?, ?

9.

43	6	16	12	24
2	22	1	4	9
46	30	48	5	13
38	8	36	7	3
11	20	14	10	15

Dans la grille ci-dessus, quel est le nombre qui se trouve à trois cases de lui-même moins deux, deux cases de lui-même divisé par deux, trois cases de lui-même moins cinq et trois places de lui-même multiplié par trois ?

10. À eux cinq, les membres d'une famille ont 107 ans.
Margaret et Stuart ont 29 ans à eux deux.
Stuart et Jeffrey ont 44 ans à eux deux.
Jeffrey et Brian ont 57 à eux deux.
Brian et Philip ont 46 ans à eux deux.

Quel est l'âge de chacun ?

11.

A	C	F
E	?	J
J	L	?

Quelle est la partie manquante ?

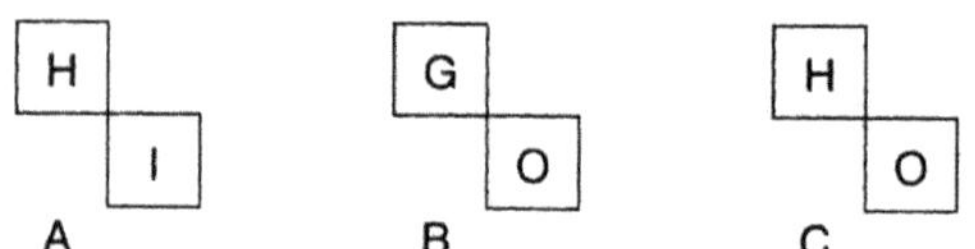

12.

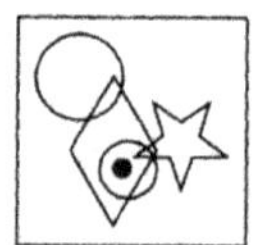

À quel carré ci-dessous peut-on ajouter un point, afin que les deux points soient dans le même agencement que ceux du carré ci-dessus ?

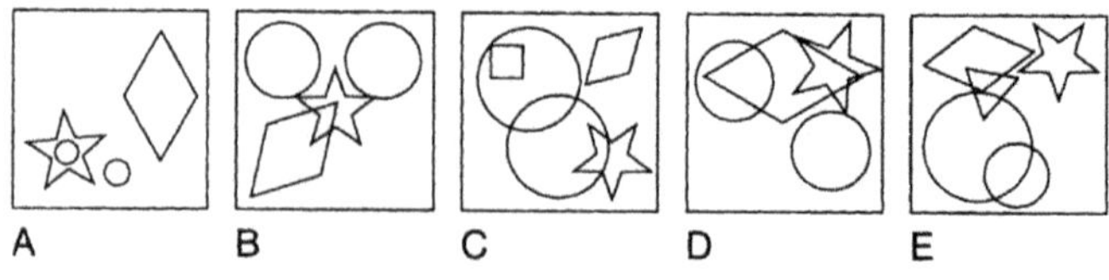

13. 83 64 45 ??
65 34 ??

Trouvez les nombres qui doivent remplacer les points d'interrogation.

83 64 45 ? ?
96 65 34 ? ?

14.

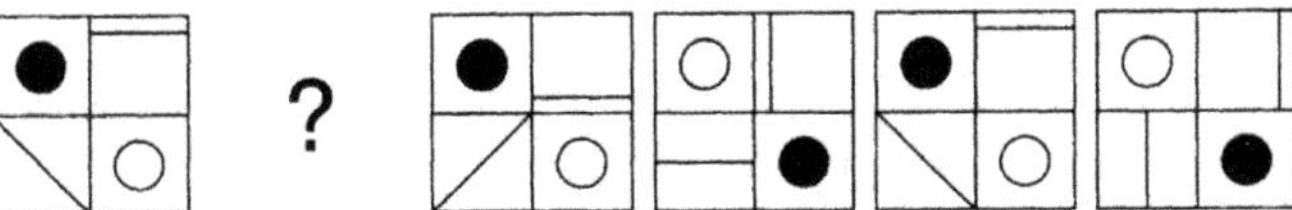

Dessinez la partie manquante dans la séquence ci-dessus.

15. « Fermé » est à « clos », ce qu'« ouvert » est à : obscure, visible, étendu, manifeste, vaste.

16. Harry est 1,3 trois fois plus âgé que Larry et Larry est 1,3 fois plus âgé que Carrie. À eux trois, ils ont 74 ans. Quels sont leurs âges respectifs ?

17. Quels sont les deux synonymes ?
salubre, sain, identique, flagrant, dévot, morne.

18.

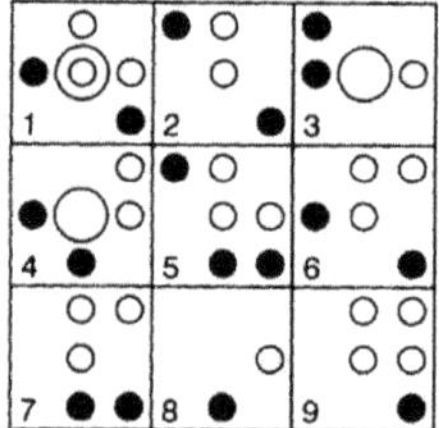

En lisant les lignes à la fois horizontalement et verticalement, nous constatons que les deux premières cases fusionnent pour former la troisième, excepté lorsque les symboles sont identiques – dans ce cas, ils s'annulent. Dès lors, quelle case parmi le schéma ci-dessus est incorrecte, et par quelle case doit-on la remplacer ? A, B, C, D, E.

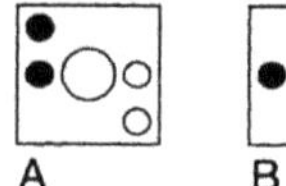
A

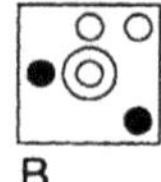
B

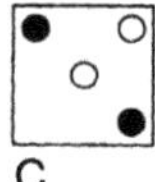
C

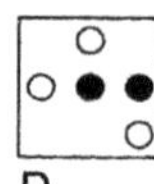
D

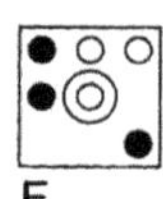
E

19. Trouvez le chiffre qui doit remplacer le point d'interrogation.

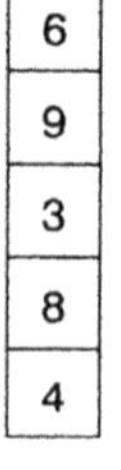

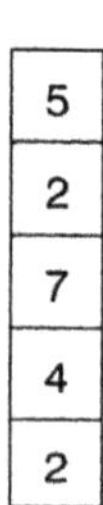

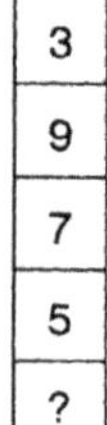

7	6	5	7	6	3
4	9	2	8	1	9
1	3	7	3	2	7
3	8	4	9	9	5
5	4	2	3	2	?

20.

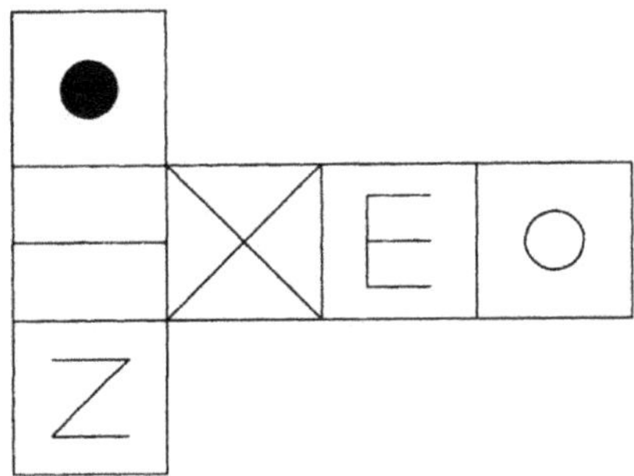

Lorsqu'on plie la figure ci-dessus pour former un cube, lequel parmi les cubes ci-dessous obtient-on ?

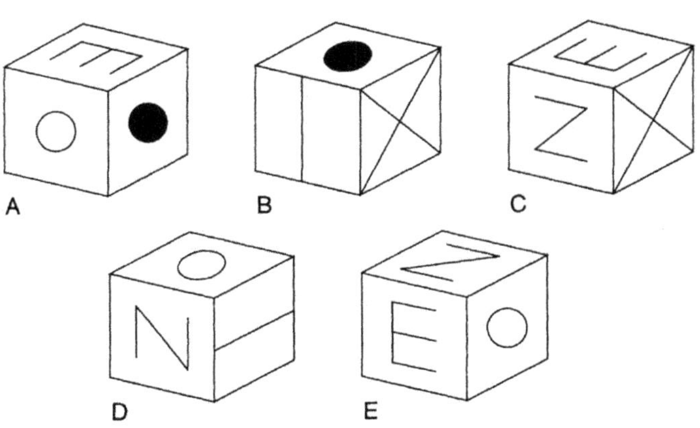

21.

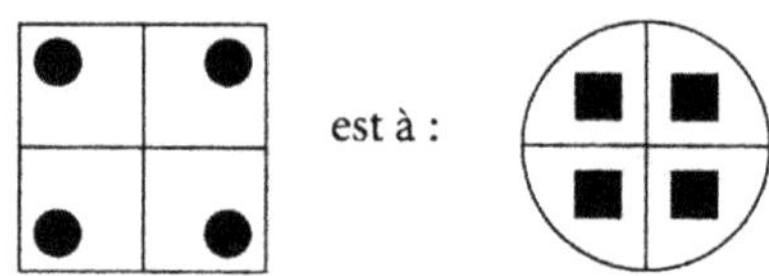

ce que

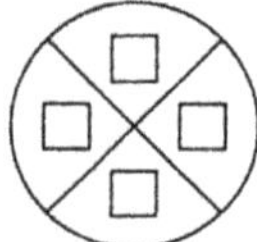

est à :

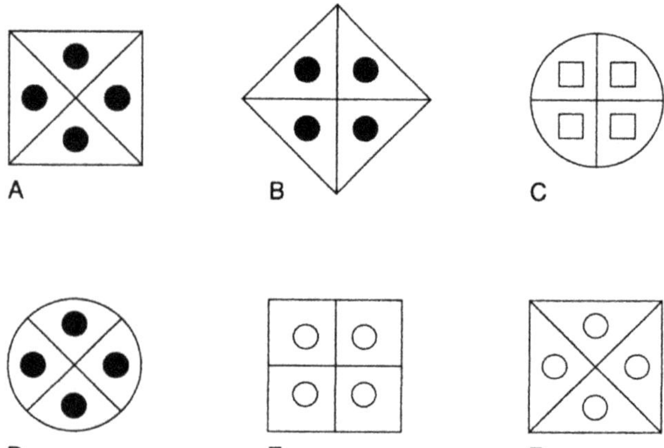

22.

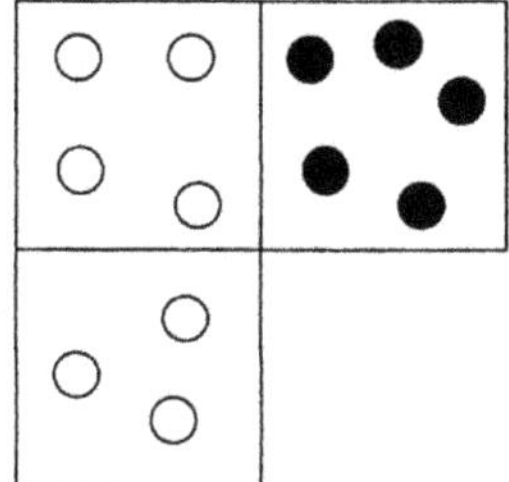

Quelle est la case manquante ?

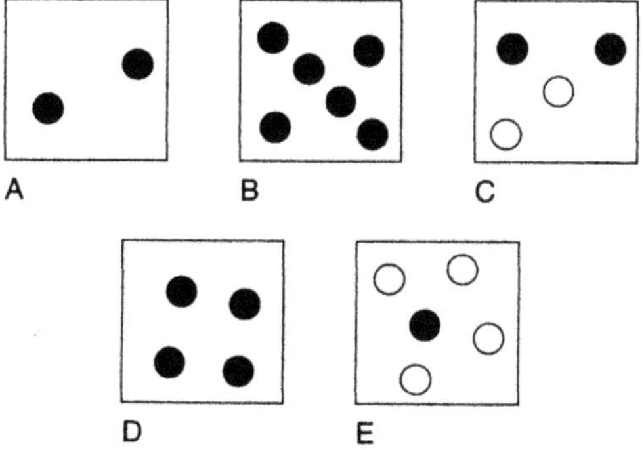

23. Le bouton A commande les lumières 1 et 2 on/off ou off/on ;
Le bouton B commande les lumières 2 et 4 on/off ou off/on ;
Le bouton C commande les lumières 1 et 3 on/off ou off/on ;
Le bouton D commande les lumières 3 et 4 on/off ou off/on.

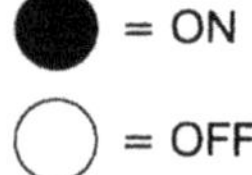

Les boutons A, C, D et B sont actionnés à tour de rôle, de sorte qu'on passe de la figure 1 à la figure 2. Quel bouton ne fonctionne pas du tout ?

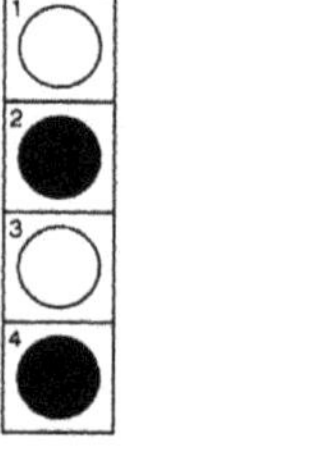

Figure 1 Figure 2

24.

Quel est le carré manquant ?

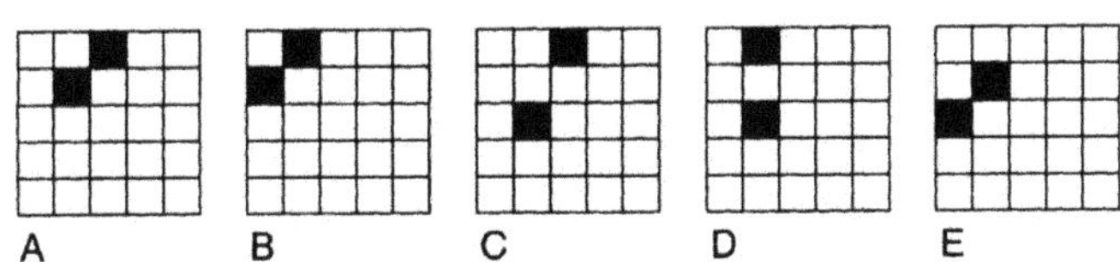

25.

Dans la grille ci-dessus, multipliez le plus grand nombre impair avec le plus petit nombre pair.

23	24	41
57	92	91
18	16	28
56	21	19

Test 11 - Réponses

1. Discours ou action rebelle.

2. Alice 61, Barbara 71, Catherine 81.

3. Missouri.

4. Abandonner, revendiquer.

5. Garibaldi.

6. 2520 7/2 ou 7x6x5x4x3x2x1/2x1

7. Tout, un brin.

8. 19, 21, 24. La séquence suit la logique suivante : + 1, + 2, + 3, et ainsi de suite.

9. 8.

10. Margaret a 17 ans, Stuart 12, Jeffrey 21, Brian 25 et Philip 21.

11. B. Horizontalement, les lettres sautent 2, puis 3 lettres dans l'alphabet, par exemple – AbCdeF. Verticalement, elles en sautent 4, puis 5, par exemple – AbcdEfghiJ.

12. D. Ainsi, le point apparaît à la fois dans le losange et le cercle.

13. 26 et 03.

    Horizontalement, les chiffres de chaque paire se trouvant à la même place progressent ainsi : 8, 6, 4, 2 ; 3, 4, 5, 6 ; 9, 6, 3, 0 ; 6, 5, 4, 3.

14. Dans la case en haut à gauche, le cercle passe successivement du noir au blanc ; dans la case en haut à droite, la ligne alterne entre la position horizontale et verticale ; dans la case en bas à gauche, la ligne passe successivement par les positions suivantes : diagonale/verticale /diagonale/horizontale/diagonale, et dans la case en bas à droite, le cercle passe successivement du blanc au noir.

15. Manifeste.

16. Harry a 32 ans, Larry 24, Carrie 18.

17. Salubre, sain.

18. La case 6 est incorrecte et doit être remplacée par la case E.

19. 6. La somme des chiffres de chaque colonne est alternativement 20, 30, 20, 30, 20, 30.

20. A.

21. F. Le cercle devient un carré et les quatre carrés blancs deviennent des cercles blancs.

22. D. Horizontalement, il y a un cercle en plus à chaque fois, et les cercles blancs deviennent noirs. Verticalement, il y a un cercle en mois, et les cercles ne changent pas de couleur.

23. Le bouton C est défectueux.

24. C. Le carré noir qui se trouvait au départ dans la case en haut à droite se déplace de droite à gauche d'une case à chaque fois. L'autre carré noir se déplace de bas en haut.

25. 1456 (91 x 16).

TEST 12 - Questions

1. Qu'est-ce qu'une piazza ?
   un théâtre ;
   un espace aménagé pour les piétons ;
   un espace de loisirs ;
   une partie de bridge ;
   une arène.

2. Parmi les anagrammes ci-dessous, lequel n'est pas un type de danse ?
   VOTE TAG
   TONGA
   EVENGÈ
   ROB LÉO
   TEN EMU

3. En utilisant les quatre lettres ci-dessous, formez un mot de sept lettres :
   UMNI.

4. Trouvez le mot dans le sens des aiguilles d'une montre ou dans le sens inverse des aiguilles d'une montre.
Indice : rivière

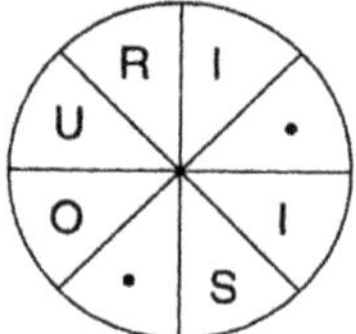

5. Quel mot entre parenthèses est synonyme du mot en lettres capitales ?
AGRÉGER (bâillonner, exploser, unir, immobiliser, resserrer)

6. Vous disposez de 59 blocs cubiques. Combien de blocs au minimum faut-il enlever pour construire un cube solide sans excédent ?

7.

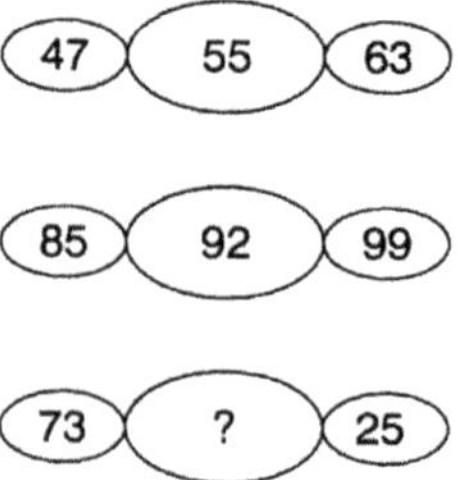

Trouvez le nombre qui doit remplacer le point d'interrogation.

8.

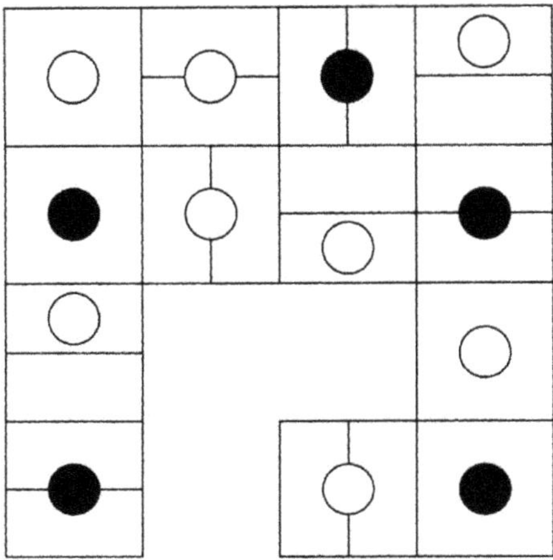

Quelle est la partie manquante ?

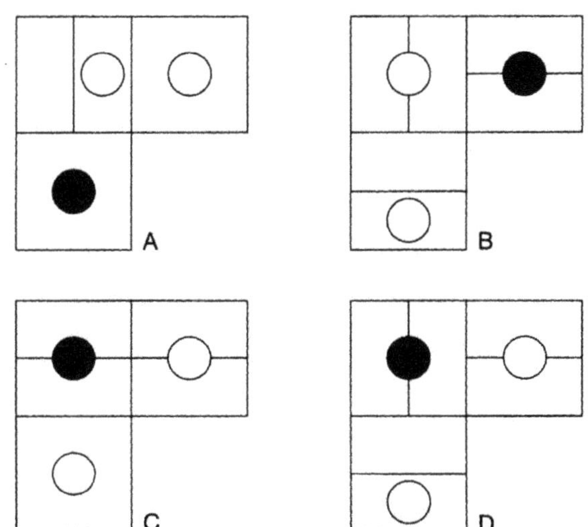

9. Trouvez le nombre qui doit remplacer le point d'interrogation.

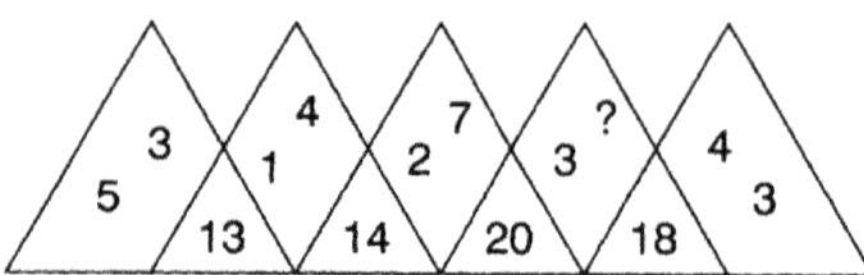

10. 0, 27, 54, ?, 108, 135
Trouvez le nombre qui doit remplacer le point d'interrogation.

11. Trouvez le chiffre qui doit remplacer le point d'interrogation.

7	4	5	2
5	1	9	3
2	9	1	6
?	4	3	7

12.

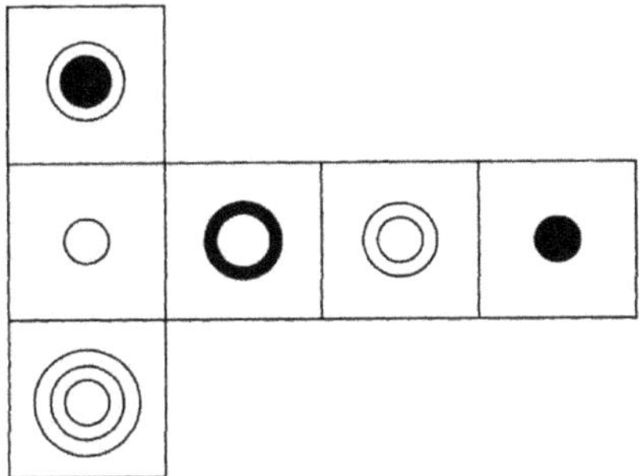

Lorsqu'on plie la figure ci-dessus pour former un cube, lequel parmi les cubes ci-dessous obtient-on ?

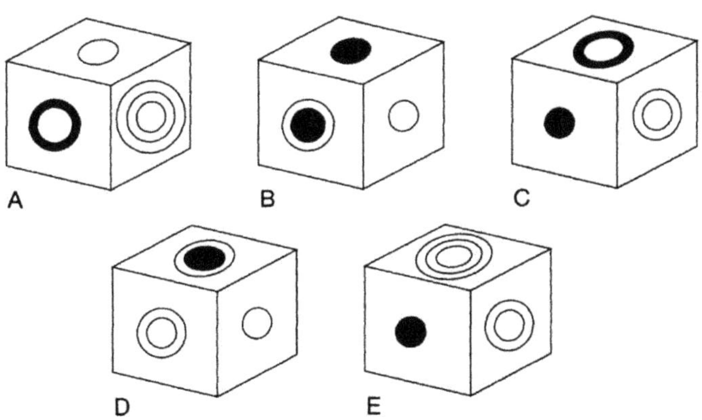

13.

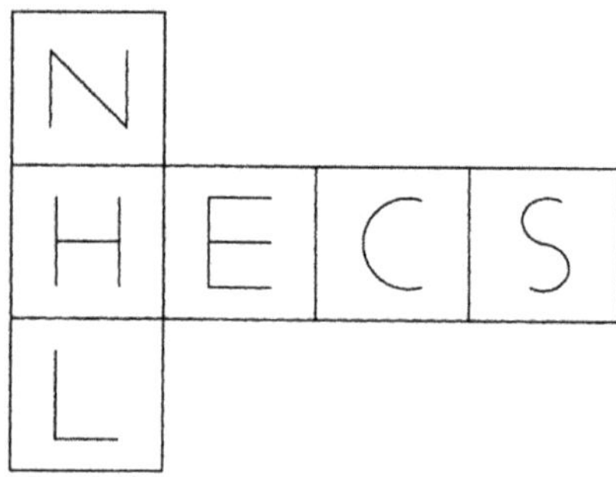

Lorsqu'on plie la figure ci-dessus pour former un cube, lequel parmi les cubes ci-dessous obtient-on ?

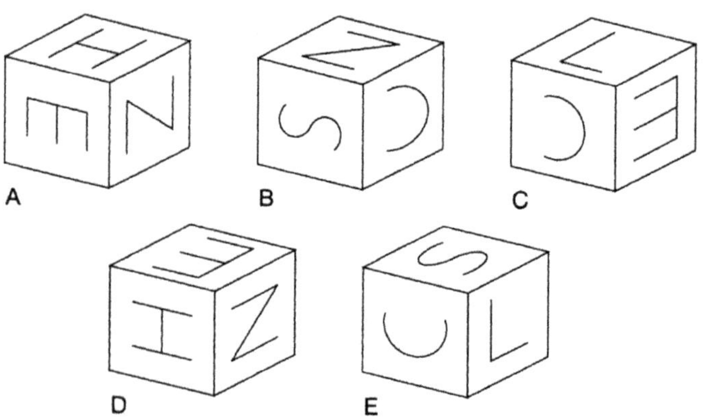

14.

Parmi les écussons ci-dessous, lequel a le plus d'éléments en commun avec la figure ci-dessus ?

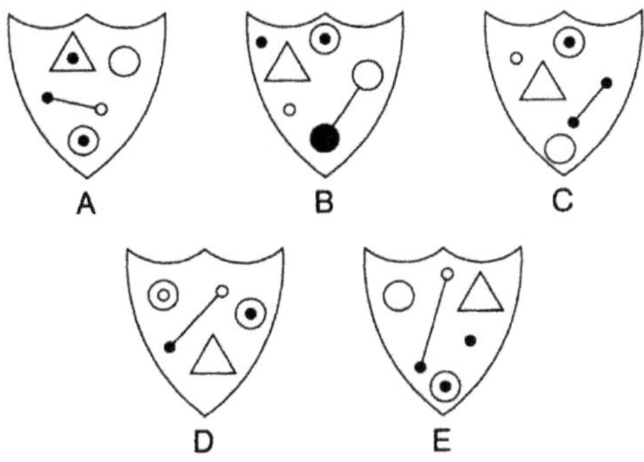

15. Trouvez le nombre qui doit remplacer le point d'interrogation.

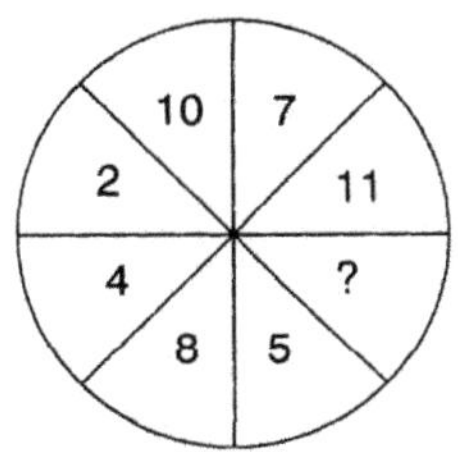

16.

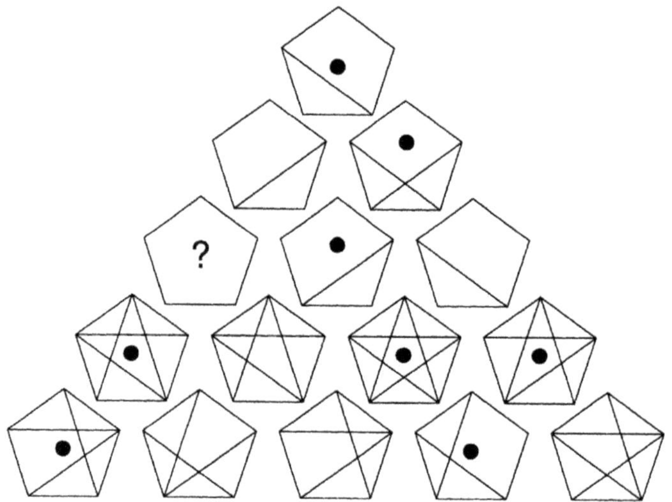

Quelle est la figure manquante ?

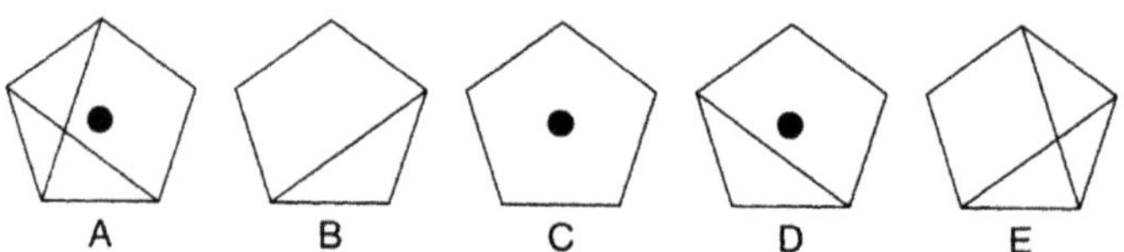

17. Dessinez la figure manquante dans la suite ci-dessous.

18. Multipliez le plus grand nombre pair, dans la grille ci-dessus, par le plus petit nombre impair.

171	23	18
17	19	29
78	56	27
28	71	82

19. Trouvez le poids qui doit remplacer le point d'interrogation afin que l'échelle soit équilibrée.

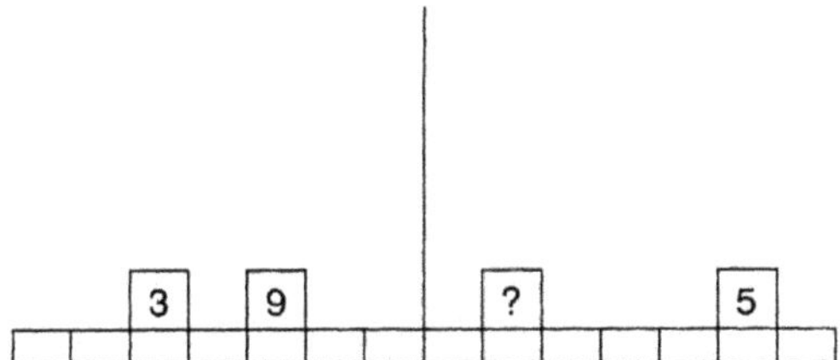

20. Trouvez le chiffre qui doit remplacer le point d'interrogation.

4	9	13	5	86	2	7
82						9
79						24
6						63
35						18
1	6	37	8	49	2	?

21.

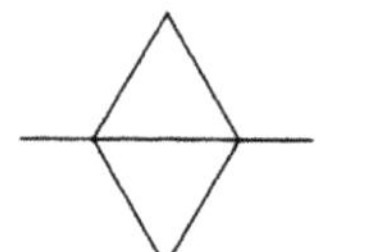
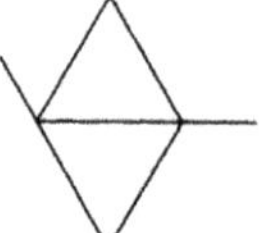
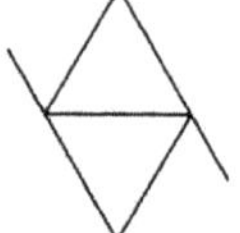

Complétez la suite

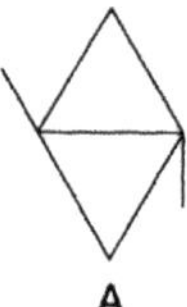

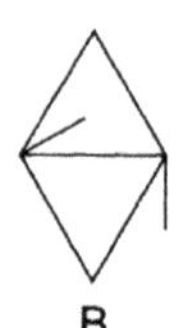

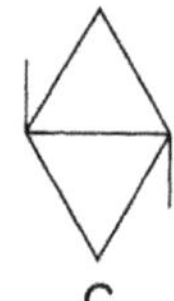

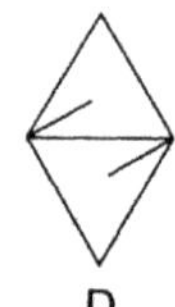

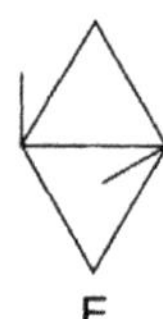

22. Stuart et Christine se partagent une somme d'argent dans la proportion de 4/5. Christine se retrouve avec 24 euros. Quelle était la somme d'argent au départ ?

23. Dans le prolongement de la question 22, quelle aurait été la somme d'argent partagée si la proportion avait été de 5/4 au lieu de 4/5 ?

24. Trouvez les nombres qui doivent remplacer les points d'interrogation dans la dernière ligne.

7	9	4	5
13	11	14	9
25	27	20	23
47	45	50	43
?	?	?	?

25.

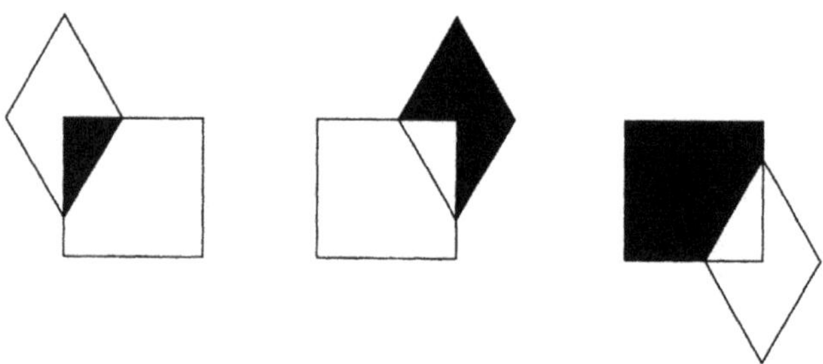

Complétez la suite.

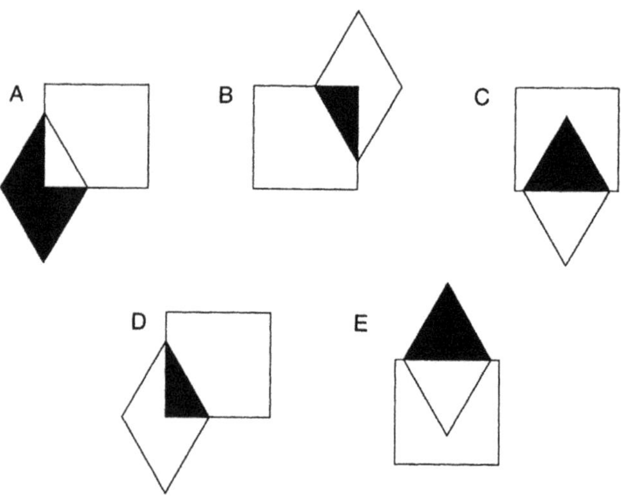

Test 12 - Réponses

1. Un espace aménagé pour les piétons

2. Evengè : Genève. Les danses sont la gavotte (vote tag), le tango (tonga), le boléro (rob léo), et le menuet (ten emu)

3. Minimum.

4. Missouri.

5. Unir.

6. Le nombre cubique précédant 64 (4 x 4 x 4) est 27 (3 x 3 x 3). Afin de construire un cube solide, sans excédent, il faut enlever 59 – 27 = 32 blocs.

7. 49 : (73 + 25) ÷ 2

8. D. Les deux dernières rangées de figures reproduisent les deux premières rangées dans l'ordre inverse.

9. 8. Chaque nombre dans le segment du bas est la somme des quatre chiffres qui l'entourent de part et d'autre. Ainsi : 8 + 3 + 4 + 3 = 18.

10. 81. Ajoutez 27 à chaque fois

11. 4. La somme des chiffres de chaque ligne et de chaque colonne est égale à 18.

12. E.

13. C.

14. E. Il contient exactement les mêmes symboles que l'original.

15. 13. La somme des nombres diamétralement opposés est égale à 15.

16. C. Le contenu de chaque pentagone est déterminé par le contenu des deux pentagones placés juste en dessous de lui. Les lignes et les points de ces deux pentagones sont reproduits, sauf lorsque deux lignes ou deux points sont positionnés de façon identique. En ce cas, ils s'annulent.

17. Des lignes sont ajoutées une fois dans le sens vertical, puis une fois dans le sens horizontal.

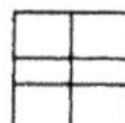

18. 1394 : (82 x 17).

19. 5 x 3 = 15   6 x 5 = 30
3 x 9 = 27   2 x 6 = 12
15 + 27 = 42
30 + 12 = 42

20. 5. Chaque rangée de nombres contient les chiffres 1 à 9.

21. C. Les bras bougent à tour de rôle de 45° dans le sens des aiguilles d'une montre.

22. 43,20 euros. Christine a 24 euros ou cinq parts, donc chaque part est égale à 4,80 euros. Montant des neuf parts partagées = 4,80 x 9 = 43,20 euros.

23. 54 euros. La part de Christine est égale à 24 euros ou quatre parts, donc chaque part est égale à 6 euros. Montant des neufs parts partagées = 54 euros.

24. Les nombres de chaque ligne sont déterminés par les nombres des lignes suivantes, comme suit : A + C = B ; B + D = C, B + C = A ; C + D = D.

25. D. Le losange se déplace d'angle en angle dans le sens des aiguilles d'une montre. La partie colorée en noir se déplace : elle passe alternativement du tronçon du losange (coupée par le carré), au losange, puis au carré.

Test 13 - Questions

1. Trouvez l'intrus
   anabas, crave, drongo, colvert.

2. Trouvez le point de départ et passez par chacune des cases pour terminer sur la case trésor marquée d'un T.

1S 1E	2S 1E	2W 1S
1S 1E	1E 1N	1W 1N
1N 2E	T	2N 2W

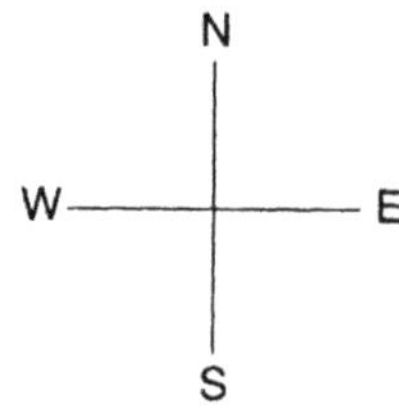

1N 2O signifie 1 Nord 2 Ouest.

3.

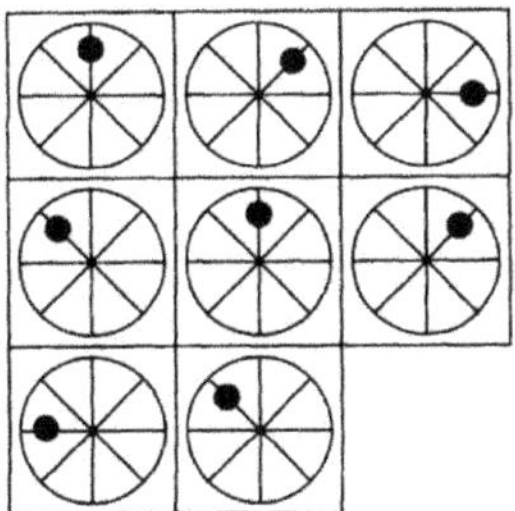

Quelle est la case manquante ?

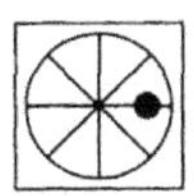
A

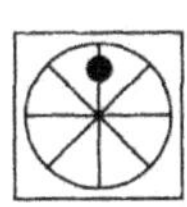
B

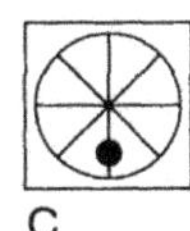
C

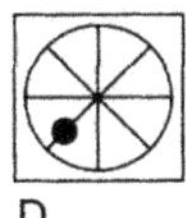
D

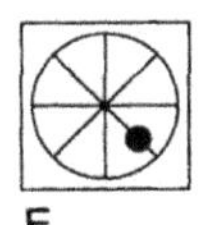
E

4. Quels sont les deux antonymes ?
Lucratif, compétent, bienséant, inexpérimenté, inhabituel, assidu.

5. Trouvez les deux mots (un dans chaque parenthèse) en relation avec les mots en lettres capitales.

S'EMBARQUER (manœuvrer, s'aventurer, développer)

INAUGURER (discours, inventer, instaurer)

6.

20	19	18	17	16
31	28	?	22	19
26	21	16	?	6
26	22	18	14	?

Quelle est la partie manquante ?

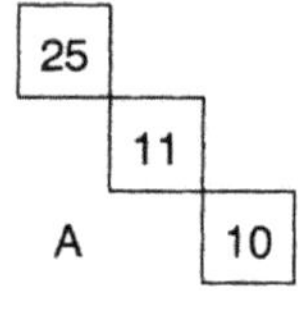

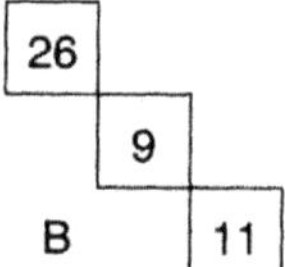

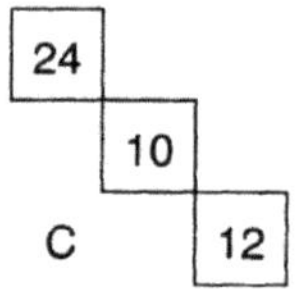

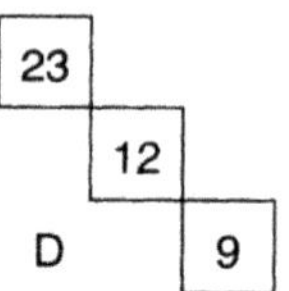

7. Quel est l'intrus ?
571219
461016
831114
461016
971613
781523

8.

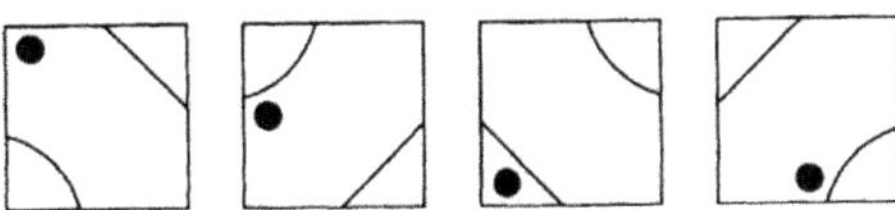

Quelle est la suite de la séquence ci-dessus ?

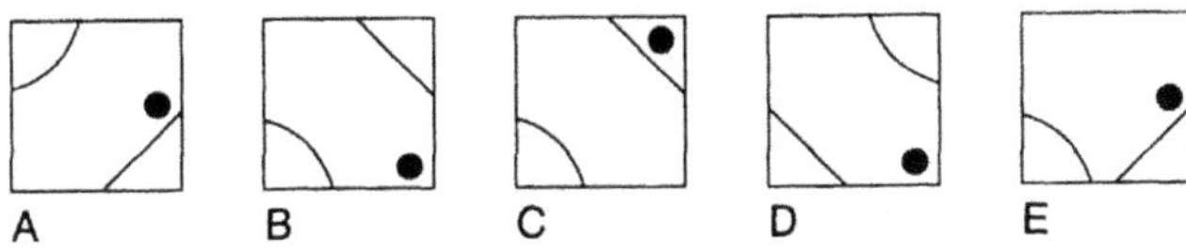

9. 100 ; 97,25 ; 91,75 ; 83,5, ?
Trouvez le nombre qui doit remplacer le point d'interrogation.

10. La moyenne de trois nombres est de 48. La moyenne de deux de ces nombres est de 56. Quel est le troisième nombre ?

11. 71, 81, 74, 77, 77, 73, 80, 69, ?
Trouvez le nombre qui doit remplacer le point d'interrogation.

12. Combien de cercles de taille différente y a-t-il ci-dessous ?

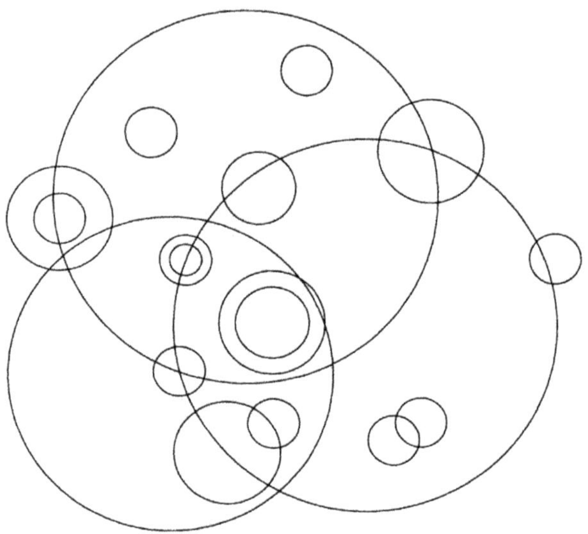

13.

5	2		
		9	1
3			9
	8	1	

Insérez les nombres ci-dessous dans la grille, de façon à ce que chaque ligne horizontale et verticale fasse un total de 21.
666
558
73

14.

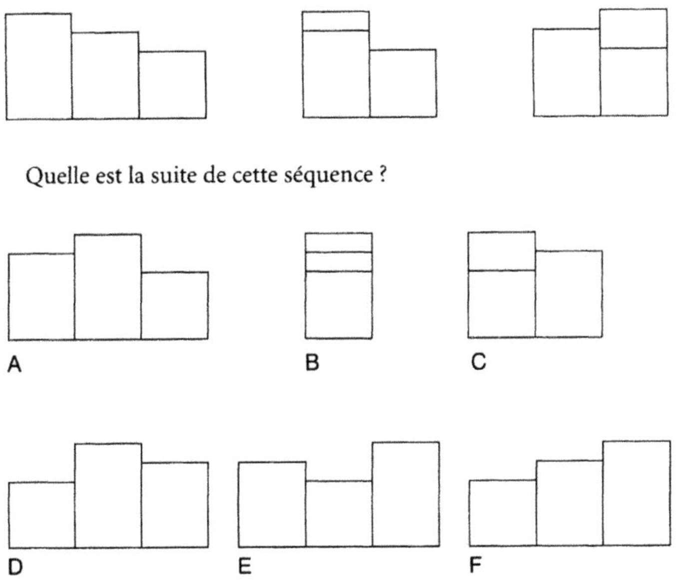

Quelle est la suite de cette séquence ?

15.

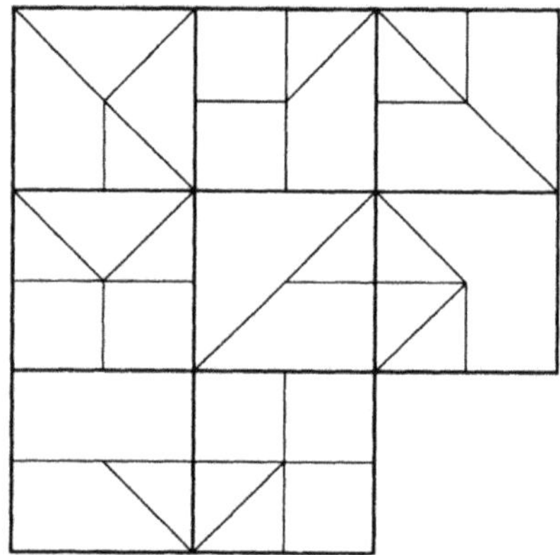

Quelle est la case manquante ?

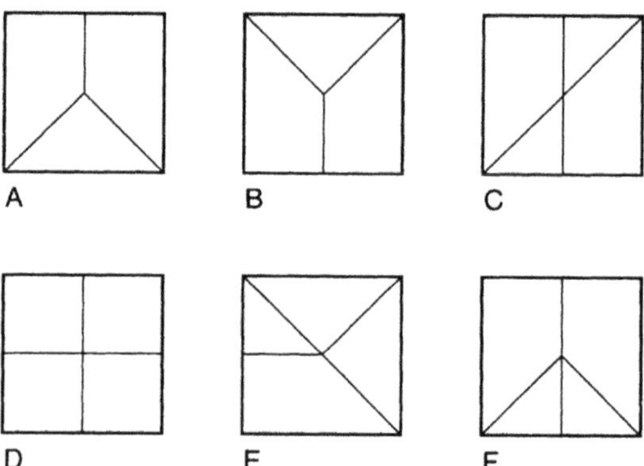

16. Trouvez le nombre qui doit remplacer le point d'interrogation.

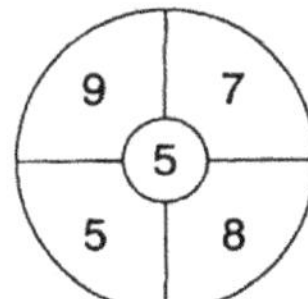

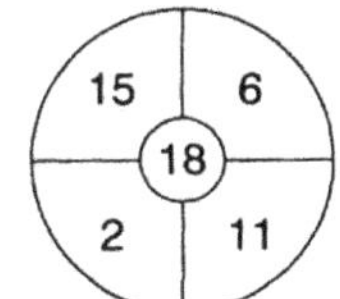

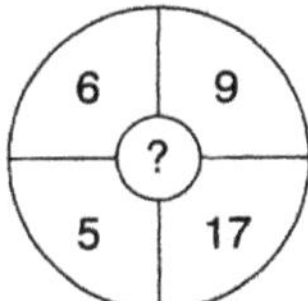

17.

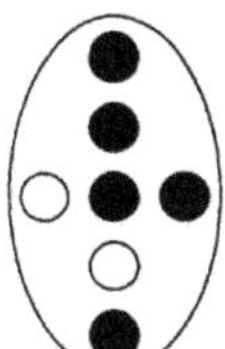

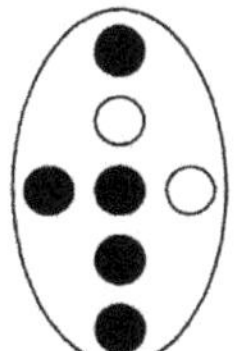

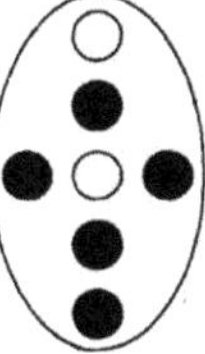

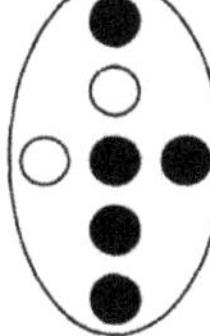

Quelle est la figure manquante ?

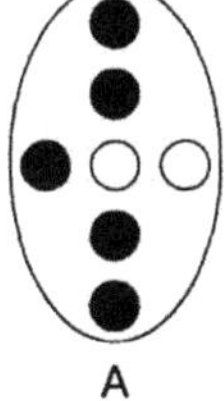

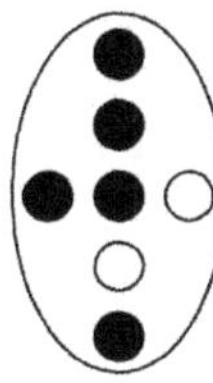

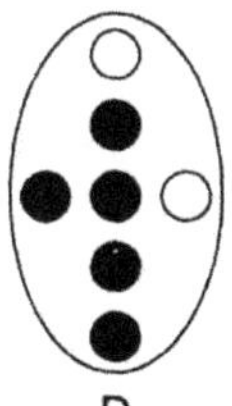

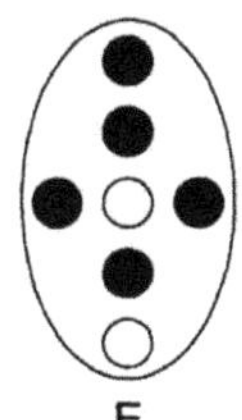

18. Quelle lettre se trouve directement en face de la lettre à deux lettres dans le sens des aiguilles d'une montre de la lettre directement en face de la lettre à trois lettres dans le sens inverse des aiguilles d'une montre de la lettre E ?

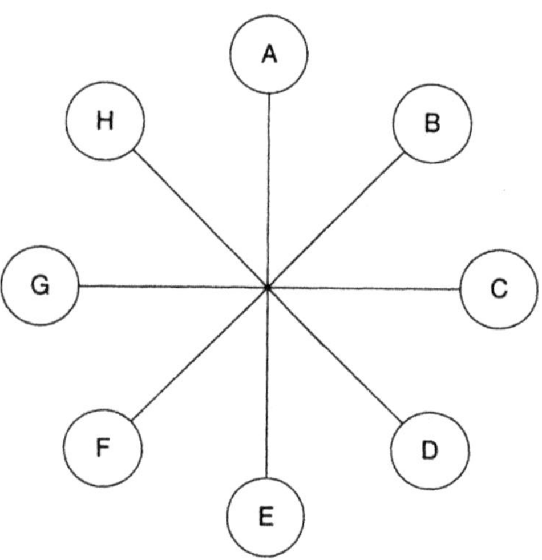

19. Dans 13 ans, mes frères à eux trois auront 94. Combien auront-ils dans neuf ans ?

20. Trouvez deux mots, l'un qui se lise dans le sens des aiguilles d'une montre sur le cercle extérieur, et l'autre dans le sens inverse des aiguilles d'une montre sur le cercle intérieur, qui soient de sens contraire. Vous devez trouver les lettres manquantes.

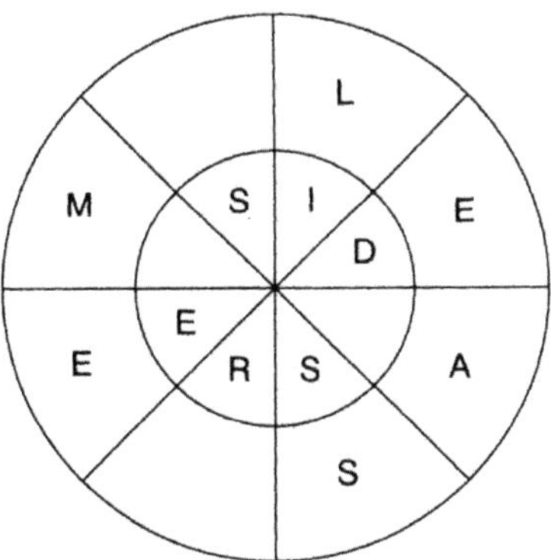

21. Trouvez les nombres qui doivent remplacer les points d'interrogation.

	7		8		12	
2	21	8	35	8	?	?
	4		11		7	

22.

Parmi les écussons ci-dessous, lequel a le plus d'éléments en commun avec la figure ci-dessus ?

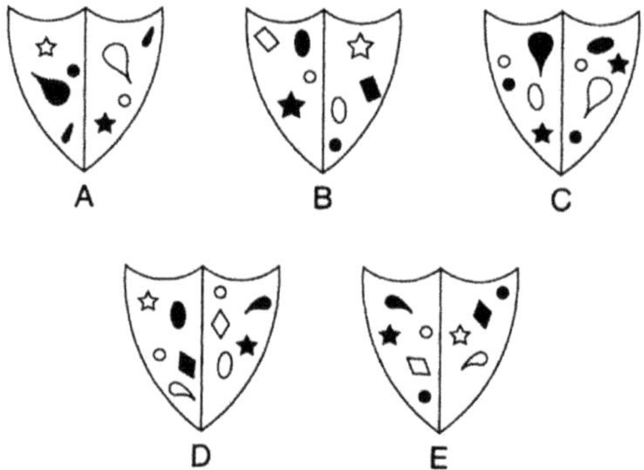

23. Le bouton A commande les lumières 1 et 2 on/off ou off/on ;
Le bouton B commande les lumières 2 et 4 on/off ou off/on ;
Le bouton C commande les lumières 1 et 3 on/off ou off/on ;
Le bouton D commande les lumières 3 et 4 on/off ou off/on.

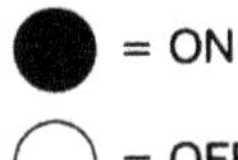

Les boutons C, A, D sont actionnés à tour de rôle, de sorte qu'on passe de la figure 1 à la figure 2. Quel bouton ne fonctionne pas du tout ?

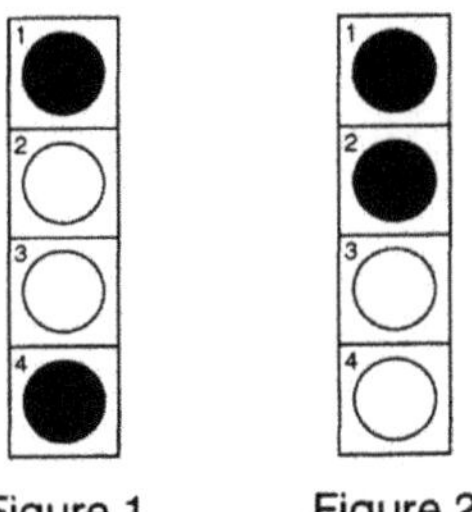

Figure 1 Figure 2

24. Trouvez le chiffre qui doit remplacer le point d'interrogation.

5	7	4	9	8	2	7
3	8	6	4	7	5	9
9	6	1	4	5	8	?

25.

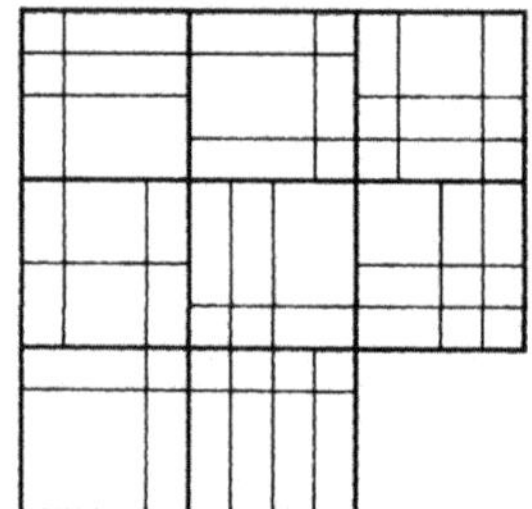

Quelle est la case manquante ?

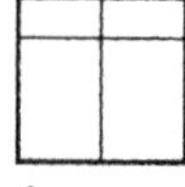
A

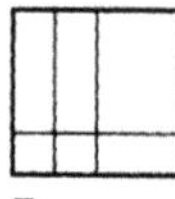
B

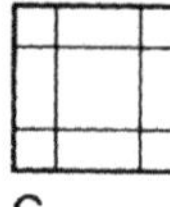
C

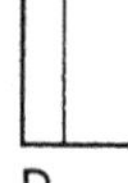
D

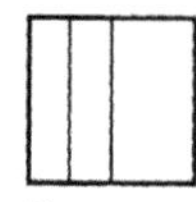
E

TEST 13 - Réponses

1. L'anabas est un poisson, les autres sont des oiseaux.

2.

5	3	7
8	6	2
1	9	4

Les nombres ci-dessus indiquent l'ordre dans lequel on doit parcourir les neufs carrés, en commençant par le point de départ (soit le carré numéroté 1) jusqu'au point final (la case trésor marquée du chiffre 9).

3. B. Horizontalement, le point se déplace de 45° dans le sens des aiguilles d'une montre à chaque étape, mais verticalement, il se déplace de 45° dans le sens inverse des aiguilles d'une montre.

4. Compétent, inexpérimenté.

5. S'aventurer, instaurer.

6. A. Horizontalement, la logique alterne : -1, -3, -5, -4

7. 971613. Les nombres sont obtenus en additionnant les pairs de chiffres. Par exemple, pour 571219 : 5 + 7 = 12 ; 7 + 12 = 19. Pour suivre cette logique, 971613 devrait être 971623.

8. B. Le point se déplace sur le côté puis vers l'angle, et ainsi de suite, dans le sens inverse des aiguilles d'une montre. La ligne continue et la ligne courbe se déplacent toutes les deux d'angle en angle dans le sens des aiguilles d'une montre.

9. 72,5. La différence entre les nombres augmente à chaque fois de 2,75, c'est-à-dire 2,75 ; 5,5 ; 8,25 ; 11

10. 32. Le total des trois nombres doit être : 48 x 3, soit 144. Le total des deux nombres doit être 56 x 2 = 112. Ainsi, 144 – 112 = 32.

11. 83. Il y a deux suites qui alternent : +3 et – 4.

12. 6.

13.

5	2	8	6
6	5	9	1
3	6	3	9
7	8	1	5

14. E. Le rectangle de gauche se déplace de gauche à droite d'une place à chaque fois.

15. F. Horizontalement et verticalement, les lignes des deux premiers carrés sont reproduites dans le dernier carré, sauf lorsque deux lignes sont positionnées de façon identique dans les deux premiers carrés. En ce cas, elles s'annulent.

16. 9 : (6 + 17) – (5 + 9)

17. B : horizontalement, les points blancs se déplacent de gauche à droite (et inversement) d'une place à chaque fois, et verticalement, ils se déplacent de bas en haut (et inversement) d'une place à chaque fois.

18. D.

19. 82. Dans neuf ans, ils auront à eux trois 94 – (3 x (13 – 9)).

20. ASSEMBLÉE, DISPERSÉ.

21. 31 et 4 : 12 x 7 = 84 ; 8 + 12 + 7 + 4 = 31.

22. B. Le côté gauche contient les mêmes symboles que le côté droit, à la différence que les parties noires et blanches sont inversées.

23. Le bouton B est défectueux.

24. 6 : 5749827 + 3864759 = 9614586

25. E. Horizontalement et verticalement, les lignes des deux premiers carrés sont reproduites dans le dernier carré, sauf lorsque deux lignes sont positionnées de façon identique dans les deux premiers carrés. En ce cas, elles s'annulent.

TEST 14 – Questions

1. Quels sont les deux synonymes ?
   accommoder, filouter, entailler, baratiner, escroquer, essouffler.

2. Qu'est-ce qu'un picot ?
   un espadon ;
   un bijou ;
   un tissu ;
   un galon de broderie.

3. Trouvez les voyelles manquantes pour former un mot : SPGNLT.

4. Trouvez le nombre qui doit remplacer le point d'interrogation.

5		3
8		12
7		5

4		5
14		6
2		9

7		8
?		13
6		9

5. 100 ; 99,5 ; 98,5 ; 97 ; 95 ; 92,5 ; 89,5, ?
   Trouvez le nombre qui doit remplacer le point d'interrogation.

6. Le bouton A commande les lumières 1 et 2 on/off ou off/on ;
   Le bouton B commande les lumières 2 et 4 on/off ou off/on ;
   Le bouton C commande les lumières 1 et 3 on/off ou off/on.

   ○ = ON

   ● = OFF

   Les boutons B, A et C sont actionnés à tour de rôle, de sorte qu'on passe de la figure 1à la figure 2. Quel est le bouton qui ne fonctionne pas du tout ?

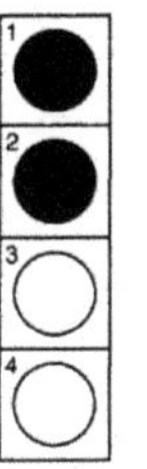

Figure 1

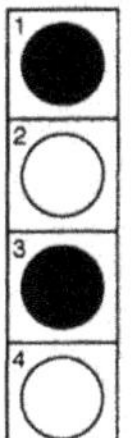

Figure 2

7.

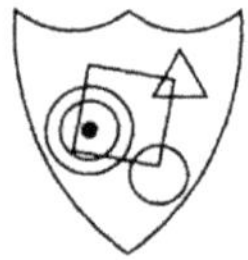

À quel écusson ci-dessous peut-on ajouter un point afin qu'il soit dans le même agencement que celui de l'écusson ci-dessus ?

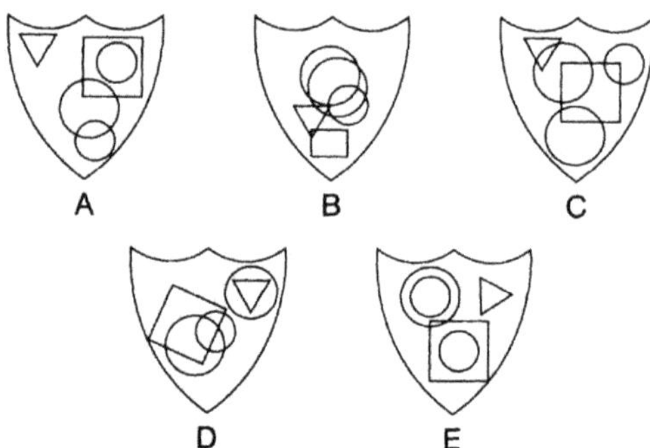

8. Trouvez le nombre qui doit remplacer le point d'interrogation.

5	10	9	4
7	4	5	8
3	2	5	6
1	8	9	?

9. Quel est l'intrus ?

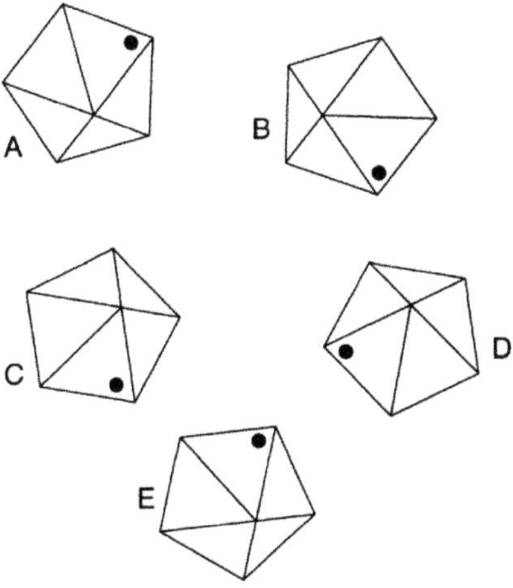

10. Quel est l'intrus ?
9416 5278 6231 9614 6132 7895 5872 7598

11. Quels sont les deux mots les deux synonymes ?
solitaire, hautain, malin, crédule, prudent, arrogant.

12.

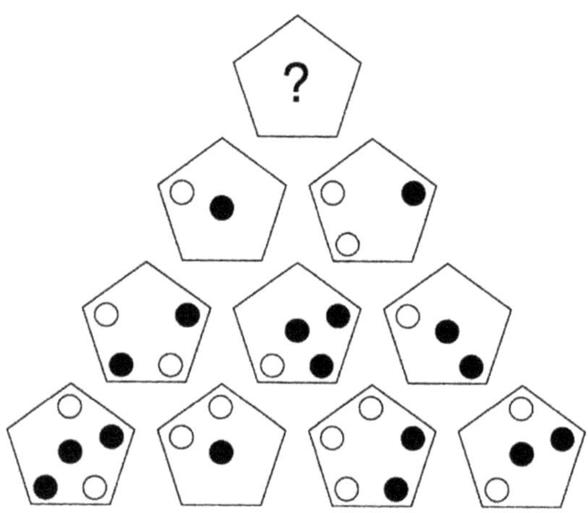

Trouvez le pentagone qui doit remplacer le point d'interrogation.

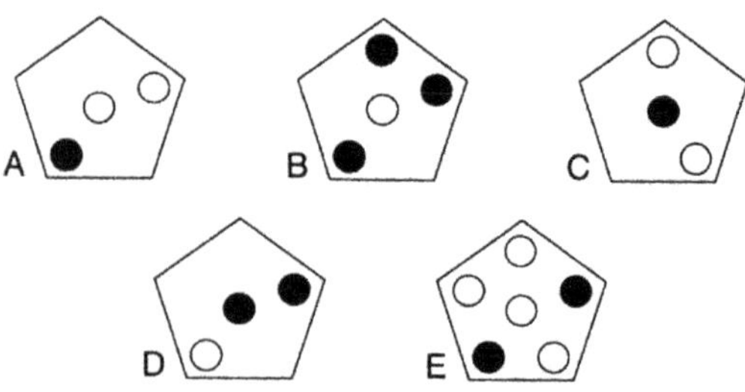

13. 7964325 est à 6975234
ce que 5822139 est à 2859312

Donc, 7469851 est à ?

14.

Parmi les écussons ci-dessous, lequel a le plus d'éléments en commun avec la figure ci-dessus ?

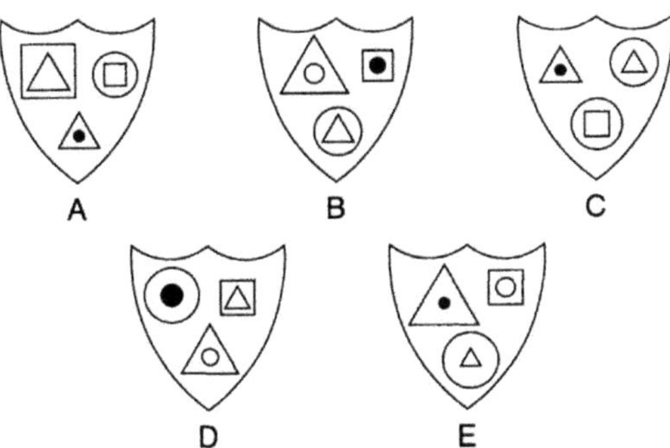

15. Insérez les nombres 1 à 6 dans les cercles vides, de façon à ce que pour chaque cercle, quel qu'il soit, la somme des nombres des cercles auxquels il est relié soit équivalente à la valeur de ce nombre telle que donnée dans la liste.

Exemple :

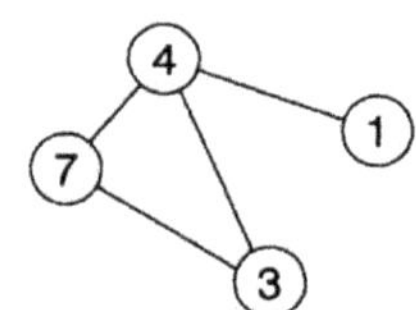

1 = 4
3 = 11 (4+7)
4 = 11 (1+3+7)
7 = 7 (4+3)

1 = 8
2 = 4
3 = 6
4 = 13
5 = 14
6 = 9

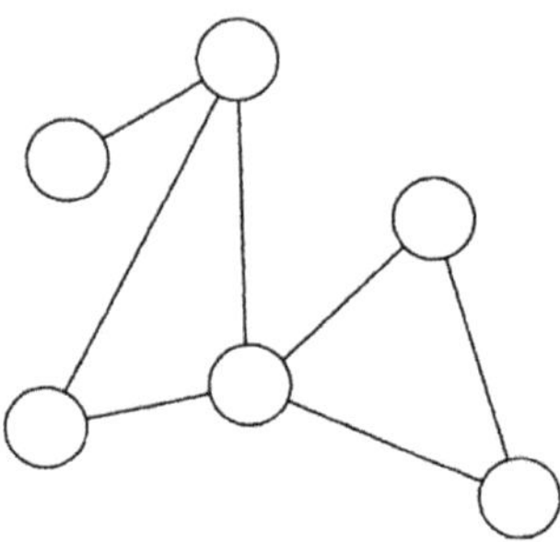

16.

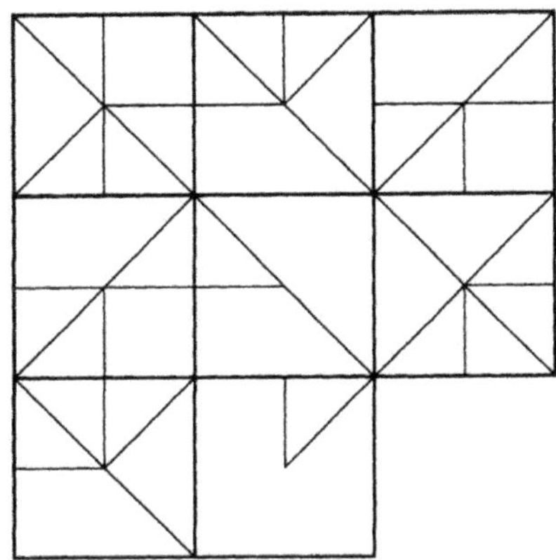

Quelle est la case manquante ?

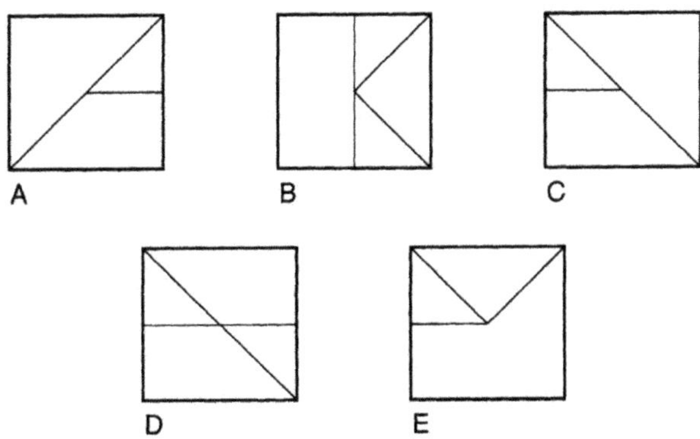

17.

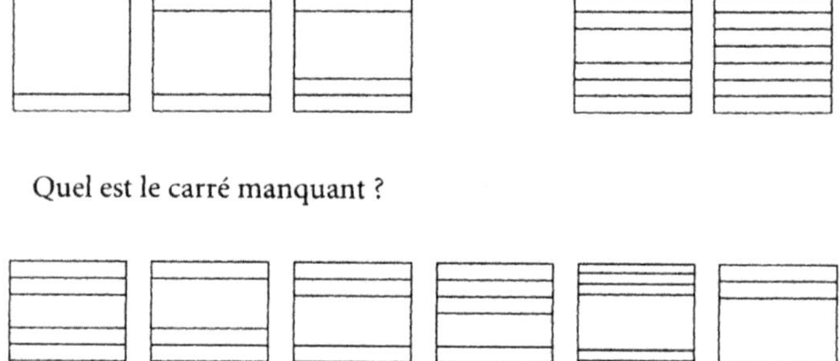

Quel est le carré manquant ?

18.

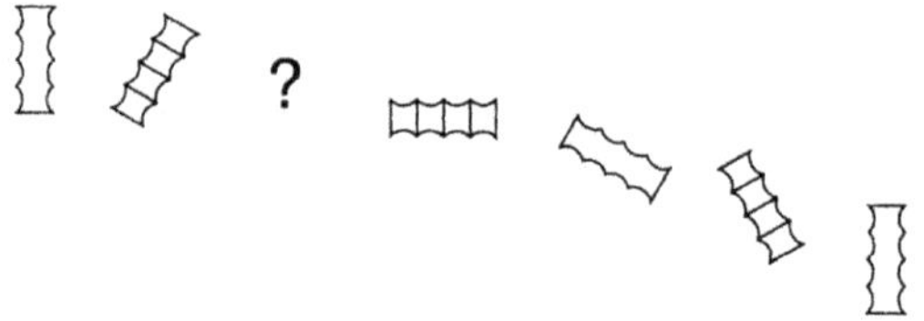

Quelle est la figure manquante ?

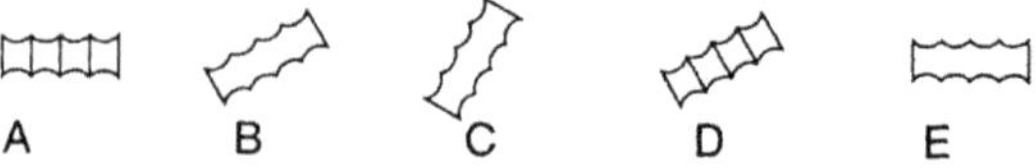

19. Le bouton A commande les lumières 1 et 2 on/off ou off/on ;
Le bouton B commande les lumières 2 et 4 on/off ou off/on ;
Le bouton C commande les lumières 1 et 3 on/off ou off/on ;
Le bouton D commande les lumières 3 et 4 on/off ou off/on.

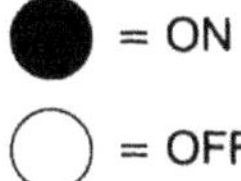

Les boutons D, B, C et A sont actionnés à tour de rôle, de sorte qu'on passe de la figure 1 à la figure 2. Quel est le bouton qui ne fonctionne pas du tout ?

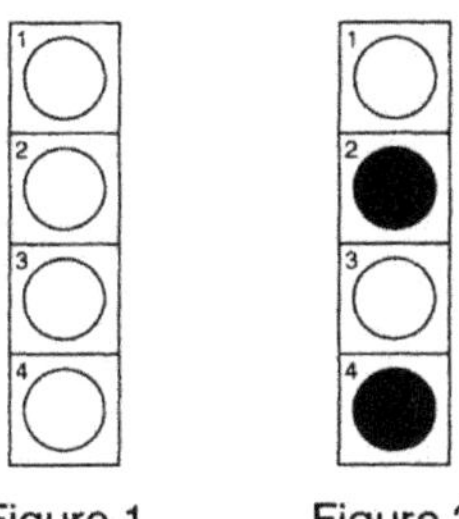

Figure 1 Figure 2

20. Quels sont les deux antonymes ?
Validation, renouveau, sarcasme, extinction, rébellion, fissure.

21.

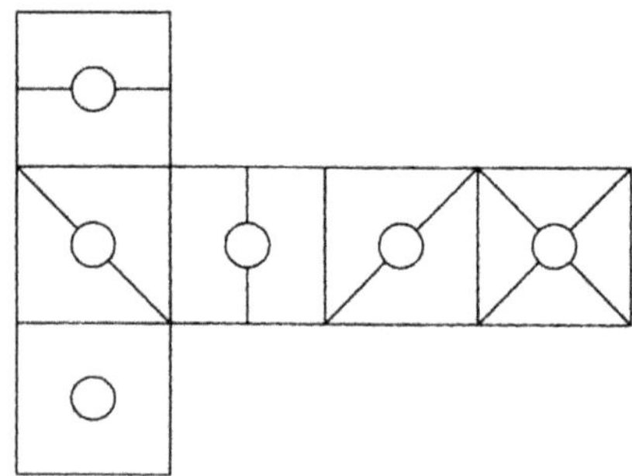

Lorsqu'on plie la figure ci-dessus pour former un cube, lequel parmi les cubes ci-dessous obtient-on ?

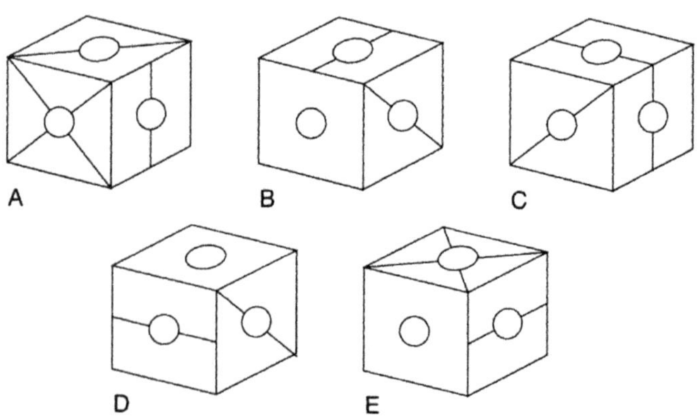

22. 9, 16, 13, 13, 17, 10, 21, 7, ?
Trouvez le nombre qui doit remplacer le point d'interrogation.

23.

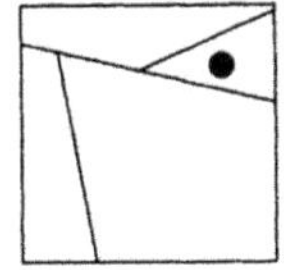

Parmi les carrés ci-dessous, lequel a le plus d'éléments en commun avec le carré ci-dessus ?

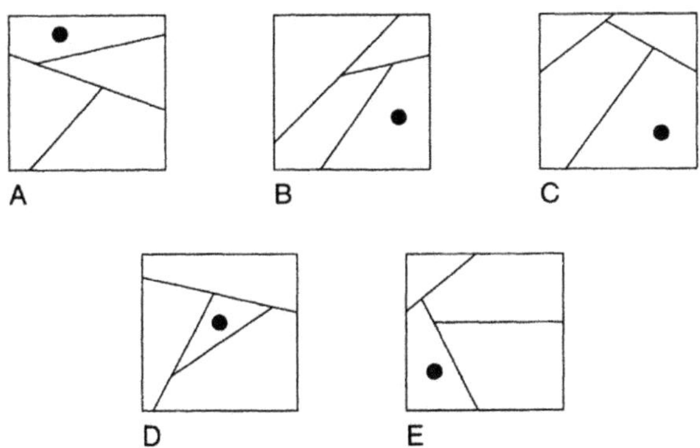

24. Parmi les mots ci-dessous, trouvez les deux synonymes.
conclave, pot-pourri, thème, patchwork, dissertation, augure.

25. Trouvez les lettres manquantes pour former un mot décrivant un aliment :

- - - O - -A I – E.

TEST 14 - Réponses

1. Filouter, escroquer.

2. Un galon de broderie.

3. Espagnolette.

4. 17. 8 + 9 = 17 ; 7 + 6 = 13.

5. 86. La différence entre les nombres augmente à chaque fois de 0,5, c'est-à-dire 0,5 ; 1 ; 1,5 ; 2 ; 2,5 ; 3 ; 3,5.

6. Le bouton B est défectueux.

7. D. Ainsi, le point apparaît à la fois dans le carré et dans les deux cercles.

8. 2. La somme des chiffres des colonnes 1 et 3 est égale à la somme des chiffres des colonnes 2 et 4, par exemple, 5 + 9 = 10 + 4.

9. C. Les autres sont la même figure, pivotée.

10. 6394. Les autres nombres fonctionnent par paires, dans lesquelles le second et le quatrième chiffres changent de place : 5278 / 5872, 9416 / 9614, 7895 / 7598, 6213 / 6132.

11. Hautain, arrogant.

12. D. Le contenu de chaque pentagone est déterminé par le contenu des deux pentagones placés juste en dessous de lui. Lorsqu'un point apparaît une fois – et une fois seulement – dans l'un des angles ou au centre de ces deux pentagones, il est reproduit dans le pentagone de la rangée supérieure.

13. 6471589. Inversez l'ordre des trois premiers chiffres, puis des quatre derniers chiffres.

14. E. Cette figure contient un triangle dans un cercle, un cercle dans un carré et un point noir dans un triangle.

15.

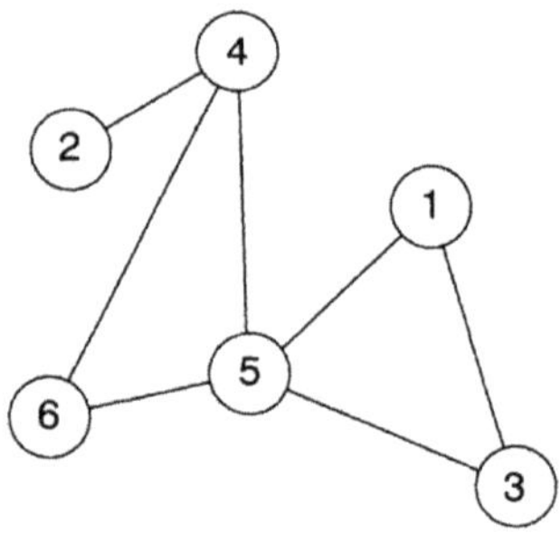

Autre solution : les cases 1 et 3 sont interchangeables.

16. C. Pour chaque ligne et chaque colonne, le contenu du troisième carré est déterminé par le contenu des deux premiers carrés. Les lignes de ces deux carrés sont reproduites dans le troisième carré, sauf lorsqu'elles apparaissent deux fois dans la même position. Dans ce cas, elles s'annulent.

17. C. Une ligne est ajoutée en haut et en bas, à tour de rôle.

18. B. La figure se renverse et passe du blanc aux rayures.

19. Le bouton B est défectueux.

20. Renouveau, extinction.

21. B.

22. 25. Deux suites se succèdent en alternance : + 4 et – 3.

23. D. Le point est dans le triangle.

24. Pot-pourri, patchwork.

25. Mayonnaise. .

TEST 15 - Questions

1.

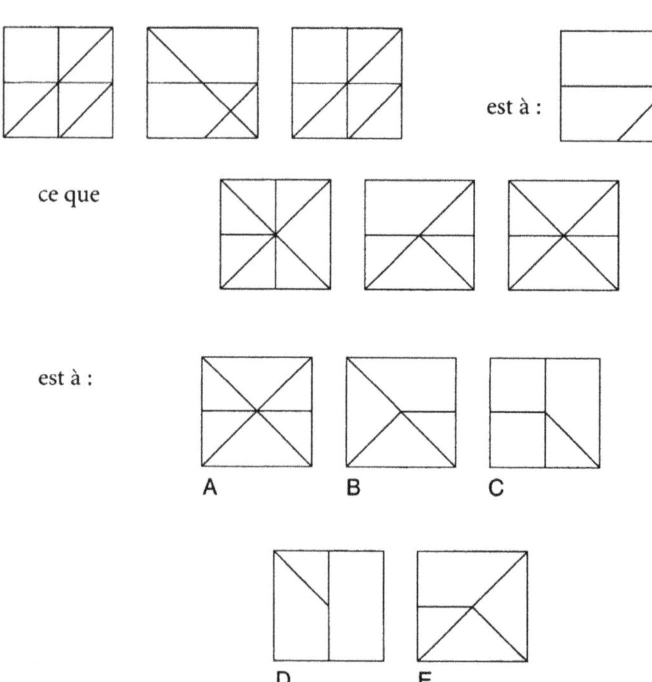

2. Quel est l'intrus ?
   cymbale, marimba, vibraphone, trombone, glockenspiel.

3. Quel est l'intrus ?
   462 683 385 198 253 781 594

4. Quelle lettre se trouve à mi-chemin entre la lettre deux lettres en dessous de la lettre immédiatement à gauche de la lettre G, et la lettre trois lettres au-dessus de la lettre immédiatement à droite de la lettre V ?

A	B	C	D	E	
F	G	H	I	J	
K	L	M	N	O	
P	Q	R	S	T	
U	V	W	X	Y	Z

5. « Bizarre » est à « saugrenu », ce qu'« excentrique » est à : sinistre, original, ésotérique, étrange, curieux.

6. MTD est à PXB, ce que FRJ est à ?

7.

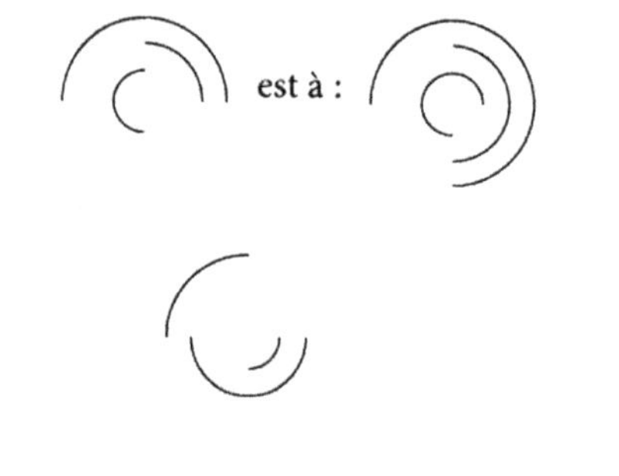

ce que

est à :

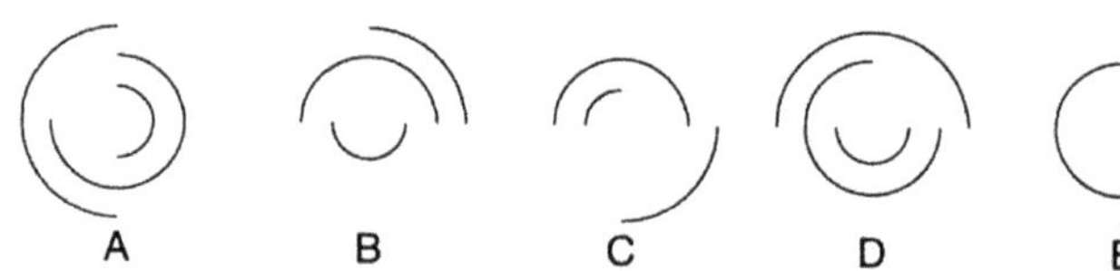

8. 1, 50, 6, 45, 11, 40, 16, 35, 21, ?, ?

Trouvez les nombres à la place des points d'interrogation.

9. 16, 23, 19, 19, 22, 15, 25, ?
Trouvez le nombre qui doit remplacer le point d'interrogation.

10.

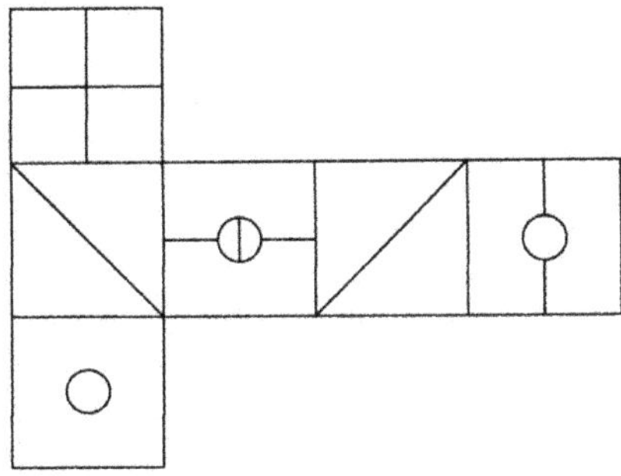

Lorsqu'on plie la figure ci-dessus pour former un cube, lequel parmi les cubes ci-dessous obtient-on ?

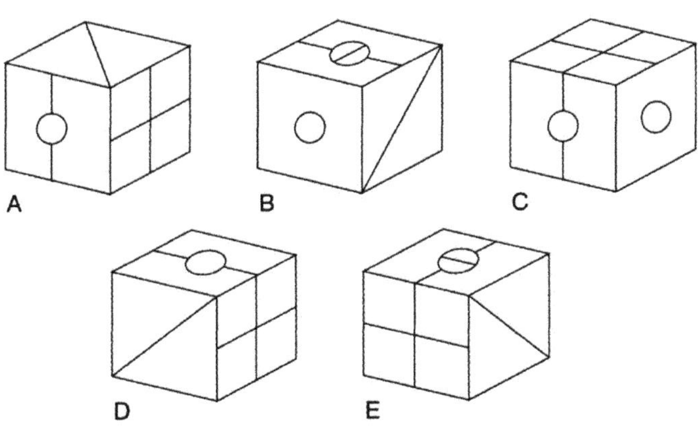

11.

3	9	1	2	8	3
9	?	?	2	1	9
1	?	?	3	9	1
2	1	9	3	8	2
8	3	9	1	2	8
3	8	2	1	9	3

Quelle est la partie manquante ?

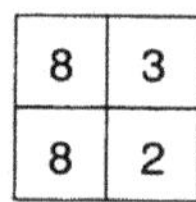

A

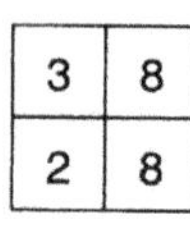

B

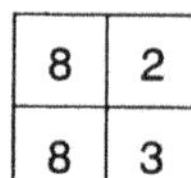

C

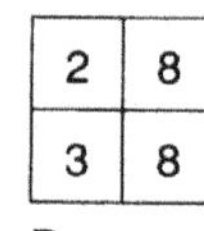

D

12. Trouvez le chiffre qui doit remplacer le point d'interrogation.

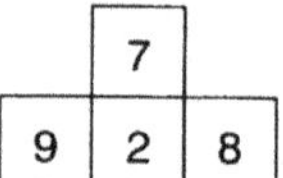

2
7 8 4

5
6 ? 9

13.

Trouvez parmi les figures ci-dessous celle qui doit remplacer le point d'interrogation.

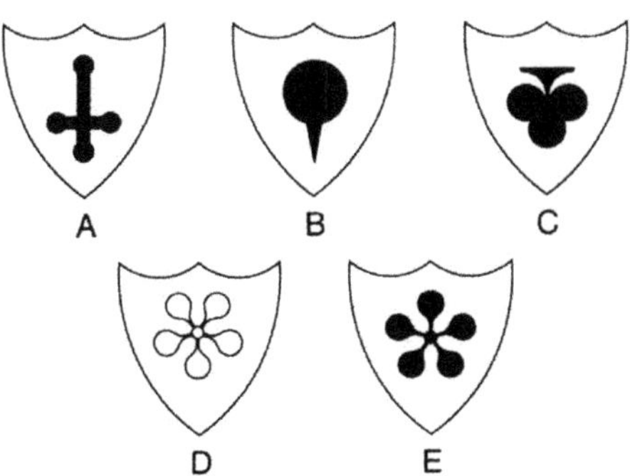

14. Prenez une lettre dans chaque cercle à tour de rôle et utilisez seulement une lettre à chaque fois de façon à trouver deux mots synonymes, composés de huit lettres chacun. Les deux mots doivent se lire dans le sens des aiguilles d'une montre et démarrer chacun dans un cercle différent.

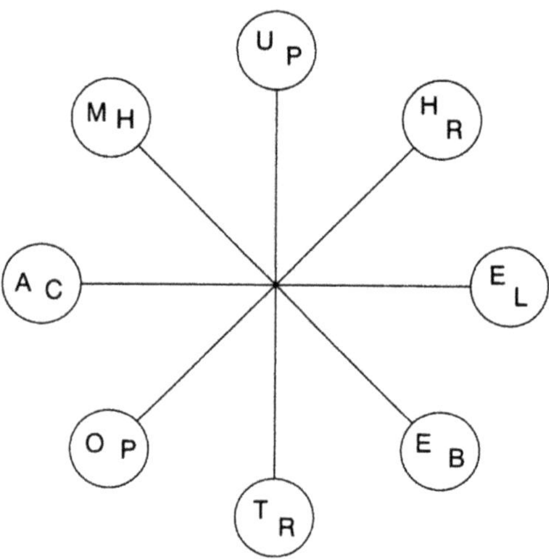

15. En recevant sa commande d'œufs, le marchand est furieux de découvrir que plusieurs d'entre eux sont cassés. Il se met à les compter afin d'estimer les dommages et il découvre que 72 œufs sont brisés, ce qui représente 12 % de la marchandise. Combien y avait-il d'œufs à la livraison ?

16.

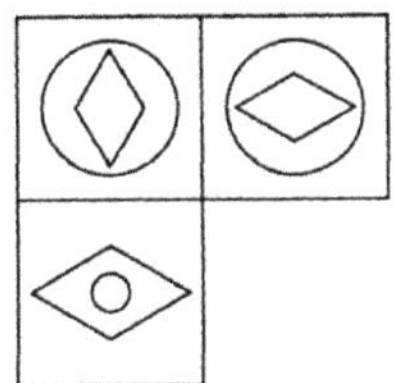

Quelle est la case manquante ?

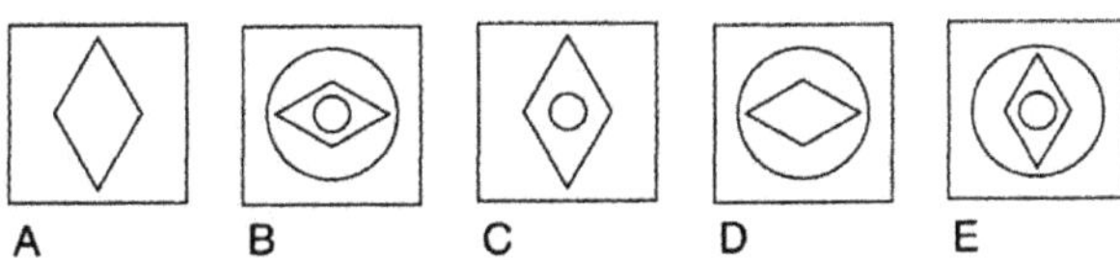

17. A B C D E F G H
Quelle lettre se trouve deux lettres à gauche de la lettre immédiatement à droite de la lettre trois lettres à droite de la lettre A ?

18.

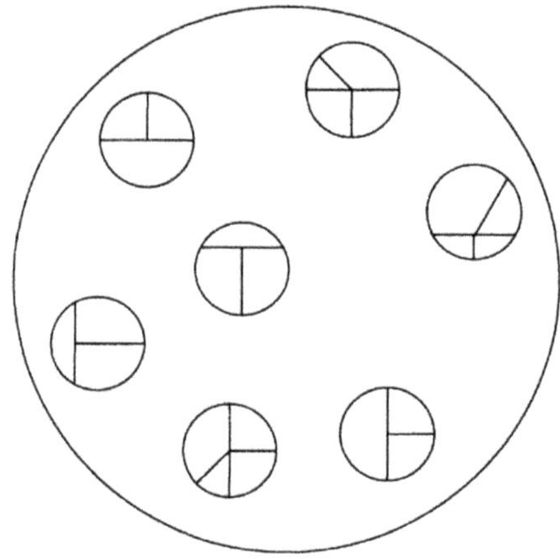

Parmi les cercles ci-dessous, lequel doit-on placer dans le grand cercle ci-dessus ?

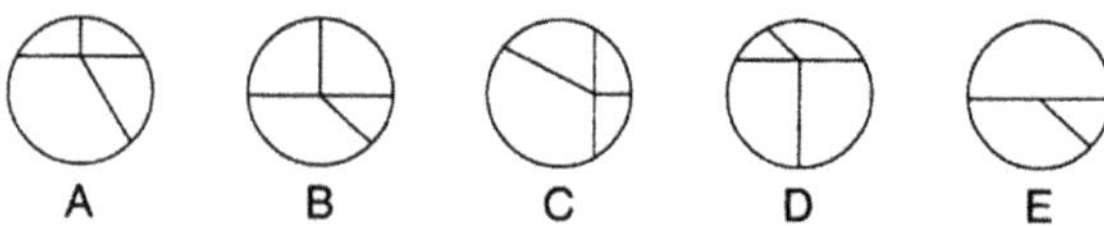

19. Simplifiez la fraction ci-dessous jusqu'à atteindre la plus petite fraction possible :

$$\frac{14}{55} \div \frac{56}{77}$$

20.

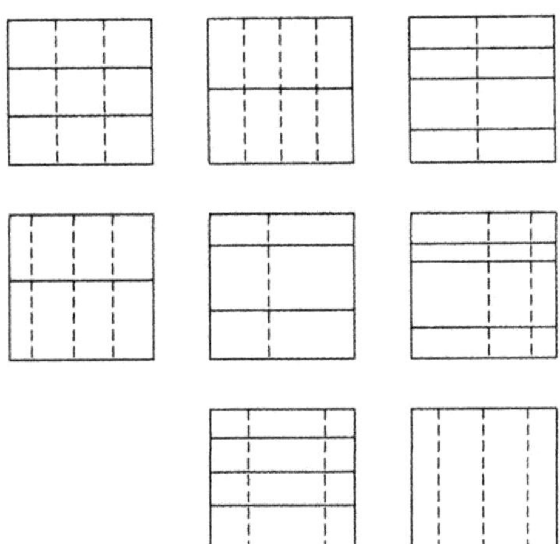

Quelle est la case manquante ?

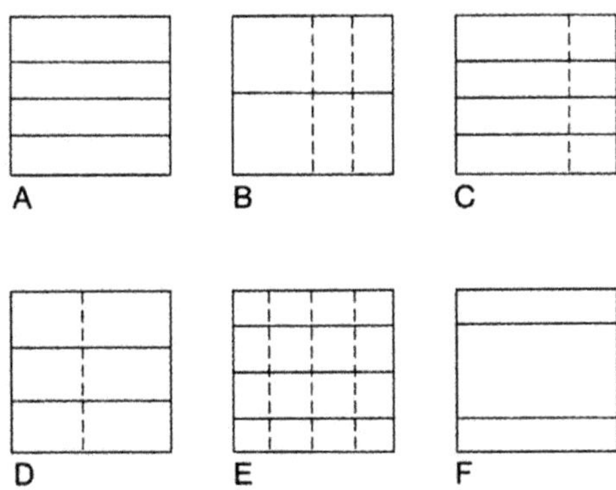

21. Quel mot entre parenthèses est l'antonyme du mot en lettres capitales ?

PLAUSIBLE (approprié, improbable, galvaudé, artificiel, désagréable).

22. Quatre personnes ayant pris trois plats identiques pour leur déjeuner paient une addition d'un montant de 56 euros. Le plat principal coûte deux fois plus cher que le dessert et le dessert coûte deux fois plus cher que l'entrée. Combien coûte le plat principal par personne ?

23. Trouvez le nombre qui doit remplacer le point d'interrogation.

			14	
	22			
			34	
41				
		53		?

24. LEUGO ITR OIL est l'anagramme d'une phrase (8 + 3 lettres). Laquelle ?

Indice : se dépêcher.

25.

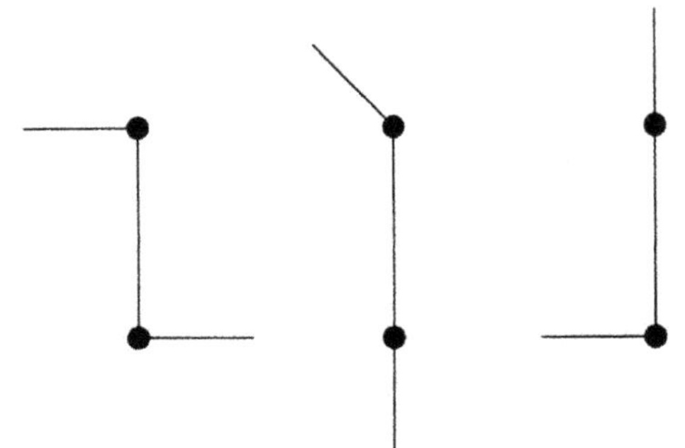

Complétez la suite.

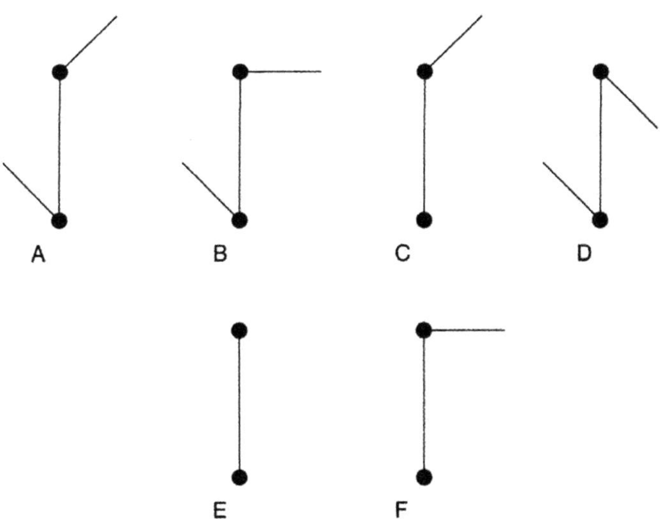

TEST 15 - Réponses

1. E. Seules les lignes qui apparaissent trois fois dans la même position dans les trois premiers carrés sont reproduites dans le dernier carré.

2. Trombone. Les autres sont des instruments à percussion.

3. 683. Dans les autres nombres, il faut additionner le premier et le dernier chiffre pour obtenir le chiffre du milieu.

4. L.

5. Original.

6. IVH : la première lettre avance de trois lettres dans l'alphabet : FghI, la deuxième avance de quatre lettres : RstuV et la troisième recule de deux lettres : JiH.

7. D. Il faut ajouter à chaque arc un quart de cercle dans le sens des aiguilles d'une montre.

8. 30, 26. Il y a deux suites qui alternent : ajoutez 5 à partir de 1, et soustrayez 5 à partir de 50.

9. 11. Il y a deux suites qui alternent : +3 et –4.

10. D.

11. B. Commencez par le carré dans l'angle en bas à gauche, longez la rangée du bas puis remontez et longez la rangée juste au-dessus, et ainsi de suite. Vous remarquerez que le chiffre 38219 se répète.

12. 4. 6 x 9 = 54 (lire la colonne du milieu de haut en bas).

13. E. Chaque ligne horizontale et verticale contient les trois différents symboles. Sur chaque ligne, un symbole est noir et un symbole est à l'envers.

14. PAMPHLET, BROCHURE.

15. 600. 72 ÷ 12 x 100.

16. C. De gauche à droite, puis de haut en bas : les triangles pivotent de 90°.

17. C.

18. C. Chaque cercle a son double, mais pivoté.

19. 14/55 x 77/56 = 1/5 x 7/4 = 7/20.

20. C. Chaque ligne et chaque colonne contiennent au total six lignes continues et six lignes en pointillé.

21. Improbable.

22. 8 euros par personne :
l'entrée représente 1 unité,
le dessert : 2 unités,

le plat principal : 4 unités,
soit 7 unités au total.

Donc, le coût par unité = 56 ÷ 7 = 8 euros.
Le plat principal coûte donc 4 x 8 = 32 euros (ou 8 euros par personne).

23. 55. Chaque nombre indique sa position dans la grille. 55 indique la ligne 5 et la colonne 5.

24. GROUILLE-TOI.

25. C. Le segment du haut pivote de 45° à chaque étape dans le sens des aiguilles d'une montre et le segment du bas de 90° dans le même sens.

Test 16 – Questions

1.

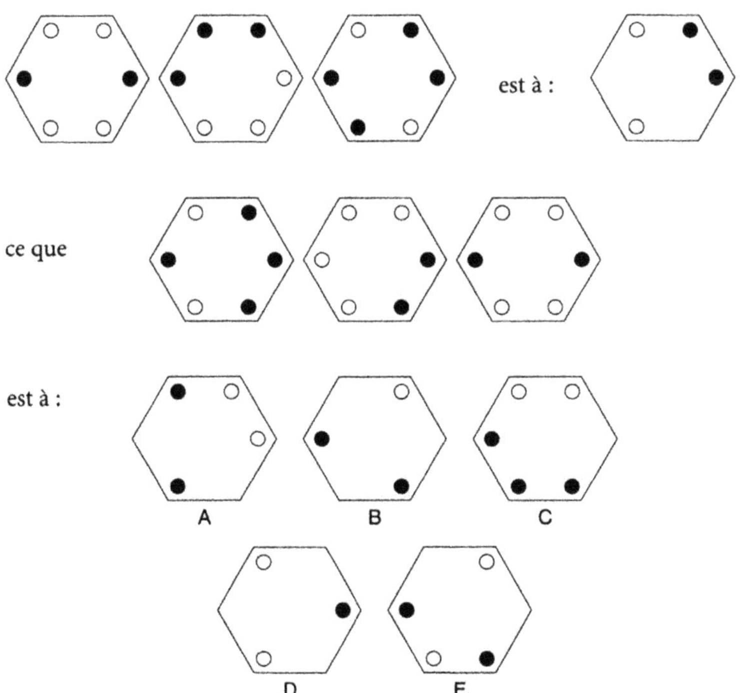

2. Trouvez le nombre qui doit remplacer le point d'interrogation.

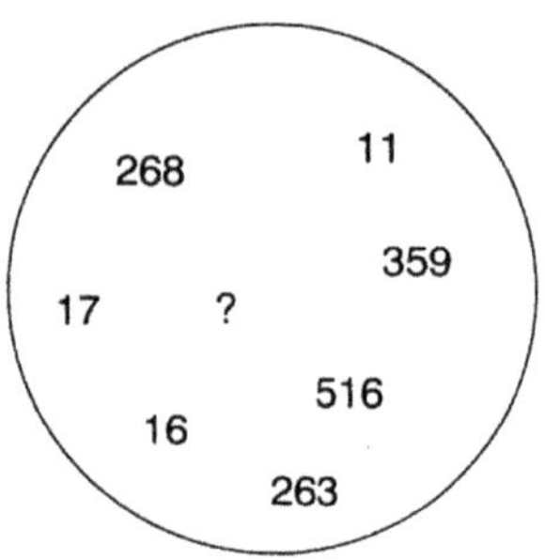

3.

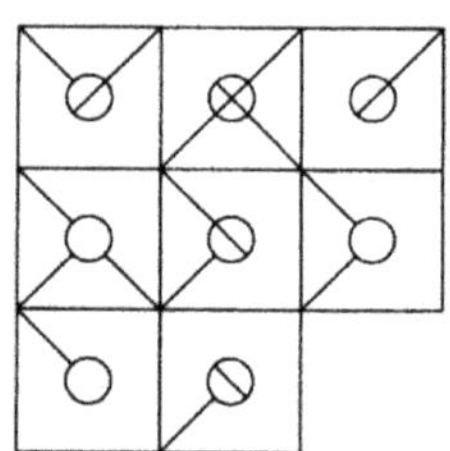

Quelle est la case manquante ?

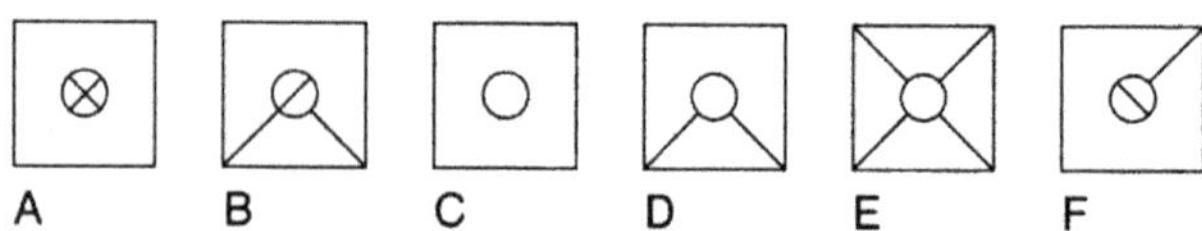

4. À chaque étape, le point noir se déplace de trois angles dans le sens des aiguilles d'une montre et le point blanc se déplace de quatre angles dans le sens inverse des aiguilles d'une montre. Après combien d'étapes seront-ils réunis ?

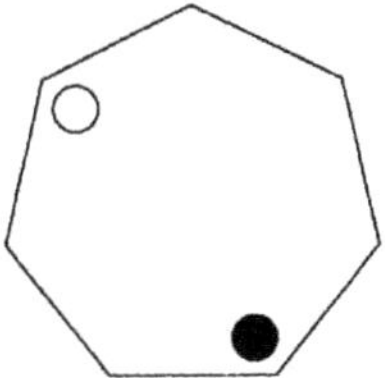

5. Trouvez le nombre qui doit remplacer le point d'interrogation.

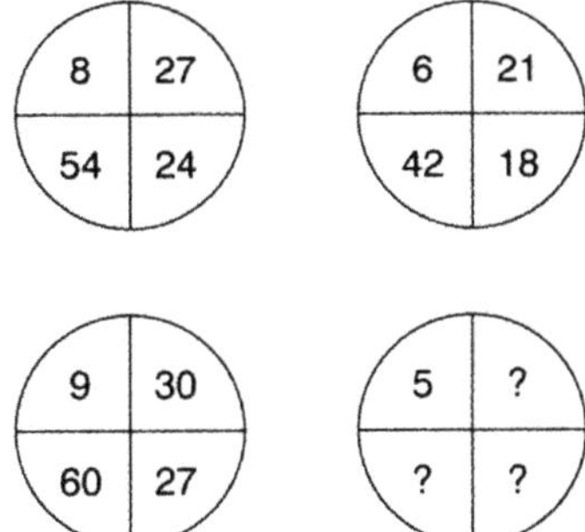

6. 100 ; 97,4 ; 94,8 ; ? ; 89,6 ; 87
Trouvez le nombre à la place du point d'interrogation.

7.

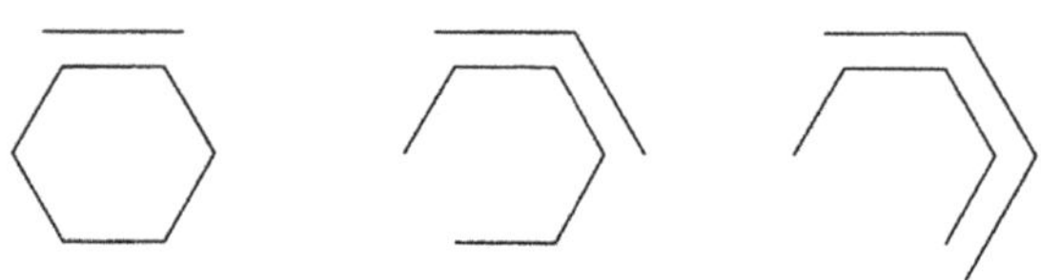

Quelle est la suite logique de la ligne ci-dessus ?

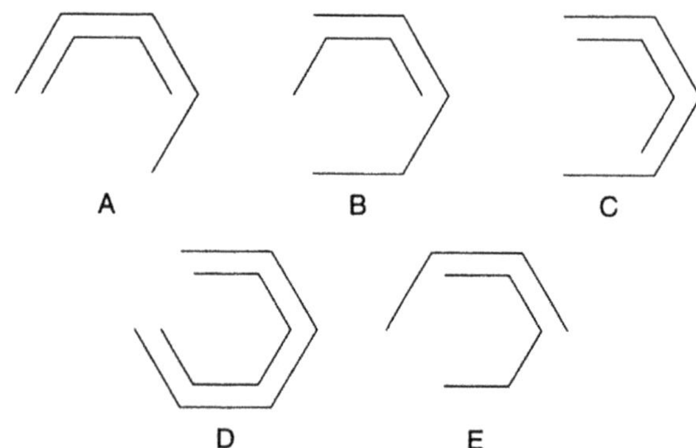

8. Quel est l'intrus ?
4832 5945 7642 7963 8216 3649

9. Quels sont les deux synonymes ?
qualifié, faisable, puissant, réalisable, pratique, raffiné.

10. Trouvez cinq chiffres consécutifs parmi la liste ci-dessous dont la somme est égale à 23.
2 9 3 4 7 2 9 3 2 6 4 9 1 2

11. Dessinez la partie manquante dans le schéma ci-dessous.

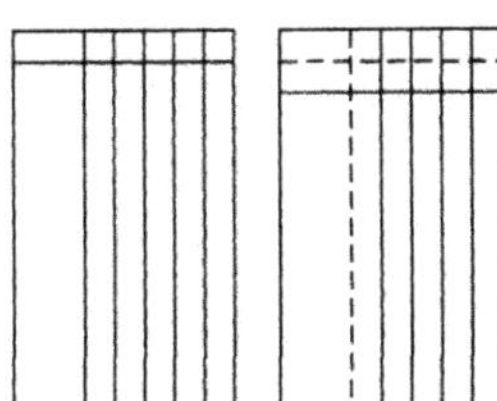

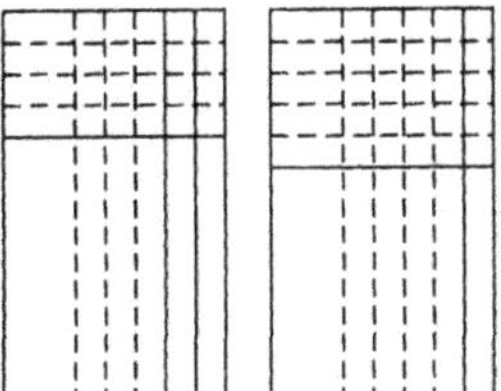

12. Trouvez le nombre à la place du point d'interrogation.

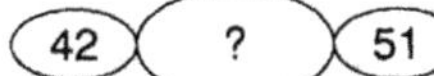

13. Quel est l'intrus ?

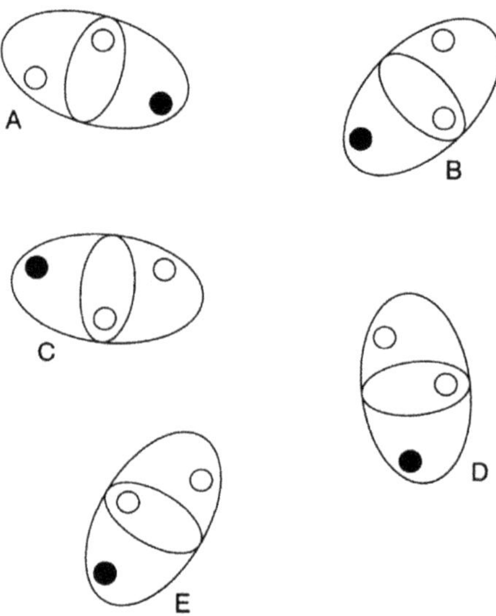

14. Trouvez la logique :
5862 et 714,
3498 et 1113,
9516 et 156,
8257 et ?

15. Trouvez le chiffre à la place du point d'interrogation.

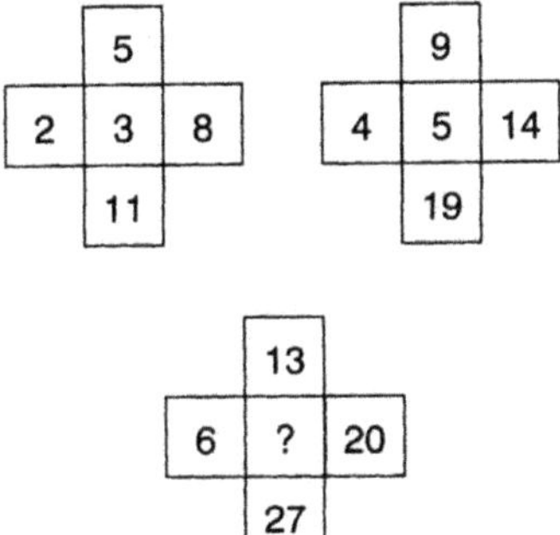

16.

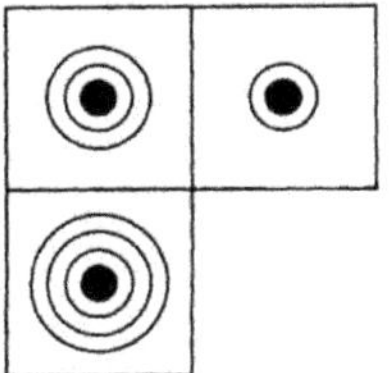

Quelle est la case manquante ?

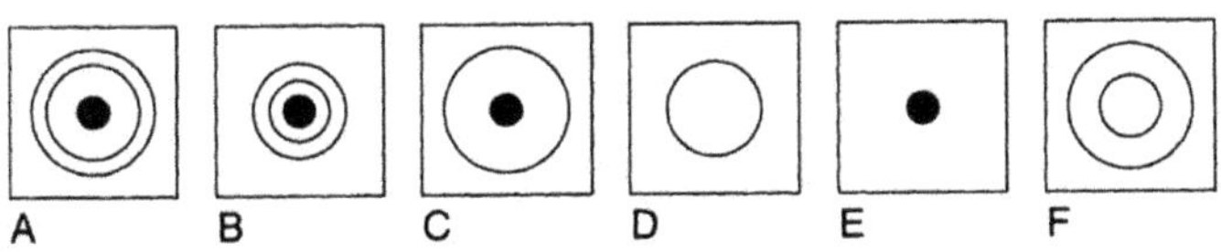

17. Le mohair est à la laine ce que le shantung est à : la soie, au coton, au lin, au nylon, à l'étoffe.

18. Placez les chiffres 1 à 6 dans les cercles ci-dessous (un chiffre par cercle), de façon à ce que la somme des chiffres 4 et 1, et tous les chiffres entre, atteigne un total de 12 ; la somme des chiffres 4 et 6, et tous les chiffres entre, fasse un total de 21 ; la somme des chiffres 2 et 1, et tous les chiffres entre, atteigne un total de 8.

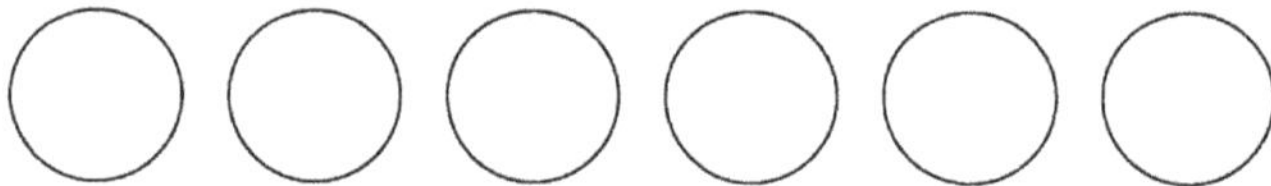

19.

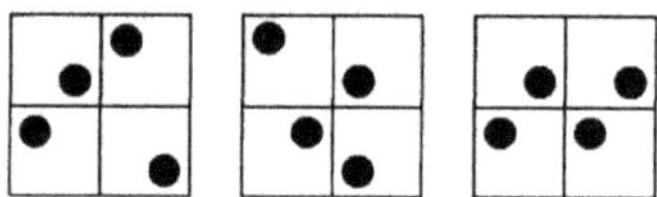

Quelle est la suite de la séquence ci-dessus ?

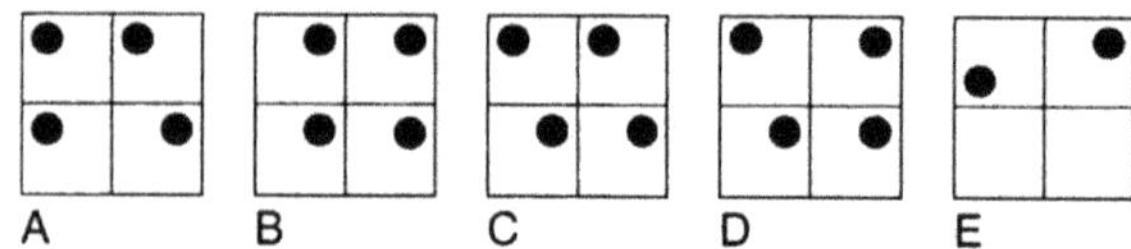

20.

Trouvez l'arc à la place du point d'interrogation parmi les propositions ci-dessous :

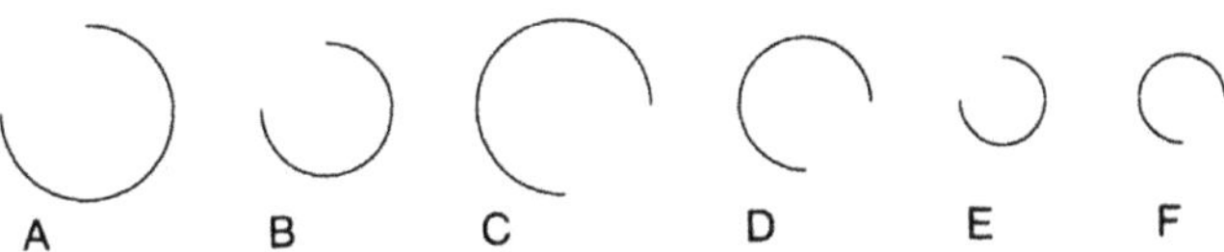

21.

7	10	13	16
9	12	?	18
11	?	?	20
13	16	19	22

Quelle est la partie manquante ?

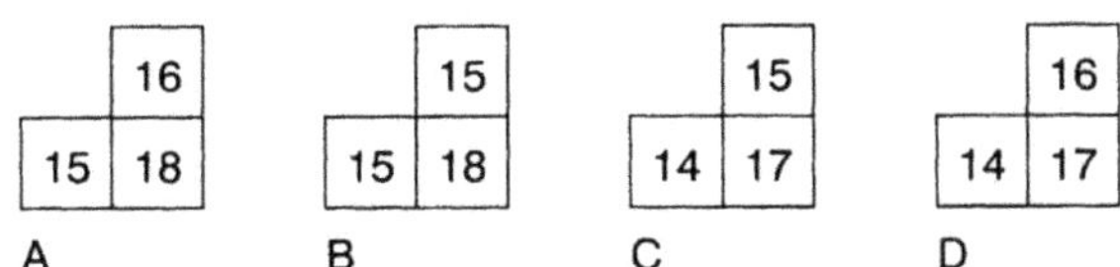

22. Quels sont les âges respectifs de Marie, Georges, Alice, Claire et Stéphane si :
Marie et Georges ont 33 ans à eux deux,
Alice et Claire ont 95 ans à eux deux,
Stéphane et Marie ont 72 ans à eux deux,
Marie et Claire ont 87 ans à elles deux,
Stéphane et Georges ont 73 ans à eux deux.

23. Trouvez l'intrus :
orange, violet, jaune, bleu, citron.

24. Comment appelle-t-on un étui à flèches ?
un patron ;
une batterie ;
une volée ;
un carquois.

25. En utilisant les 10 lettres ci-dessous, formez deux mots de cinq lettres qui désignent des types de bateaux :
A A E F K K R R Y Y

Test 16 - Réponses

1. B. Seuls les points qui apparaissent deux fois dans la même position – et deux fois seulement – dans les trois premiers hexagones sont reproduits dans le dernier hexagone.

2. 12. Additionnez les chiffres des nombres à trois chiffres entre eux pour obtenir les nombres à deux chiffres.

3. C. Sur chaque ligne et dans chaque colonne, seules les lignes qui apparaissent deux fois dans les deux premiers carrés sont reproduites dans le dernier carré.

4. Ils ne seront jamais réunis dans le même angle, car dans un heptagone, trois angles dans le sens des aiguilles d'une montre équivalent à quatre angles dans le sens inverse des aiguilles d'une montre.

5.

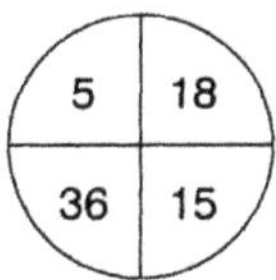

Le chiffre de la case en haut à gauche représente un tiers du chiffre en bas à droite. Celui-ci est inférieur de 3 chiffres au nombre en haut à droite, et ce dernier représente la moitié du nombre en bas à gauche.

6. 92,2. Déduire 2,6 à chaque fois.

7. B. L'hexagone intérieur perd un côté à chaque étape dans le sens inverse des aiguilles d'une montre, tandis que l'hexagone extérieur se construit côté par côté dans le sens des aiguilles d'une montre.

8. 3649. Dans toutes les autres combinaisons, il faut multiplier les deux premiers chiffres pour obtenir le nombre formé par les deux derniers chiffres.

9. Faisable, réalisable.

10. 72932.

11. Les lignes verticales deviennent pointillées, une par une à chaque étape. Une ligne horizontale est ajoutée à chaque fois, et les lignes précédentes deviennent pointillées.

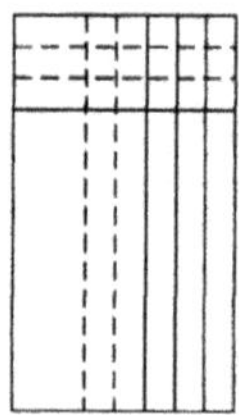

12. 1417. 42 ÷ 3 = 14 ; 51 ÷ 3 = 17.

13. E. Les autres sont la même figure, pivotée.

14. 157. 7 + 8 = 15 ; 2 + 5 = 7.

15. 7. Les nombres autour du centre augmentent de 7 (dans les autres grilles, ils augmentent respectivement de trois et de cinq).

16. B. Horizontalement, on remarque qu'un cercle extérieur est supprimé d'une case à l'autre. Verticalement, un cercle extérieur est ajouté.

17. La soie.

18. 425136 ou 631524

19. D. Il faut lire la grille de gauche à droite, rangée par rangée : le point dans la case en haut à gauche se déplace vers l'angle opposé, le point dans la case en haut à droite se déplace à chaque fois d'un angle dans le sens inverse des aiguilles d'une montre, le point en bas à gauche se déplace entre les deux angles du haut, et le point en bas à droite se déplace d'un angle dans le sens des aiguilles d'une montre.

20. C. Les trois premiers arcs sont reproduits, mais l'arc pivote de 180°.

21. C. Horizontalement, ajoutez 3, case après case.
Verticalement, ajoutez 2.

22. Marie a 16 ans, Georges 17, Alice 24, Stéphane 56, Claire 71.

23. Citron. Les autres sont des couleurs spectrales.

24. Un carquois.

25. Ferry, kayak.

TEST 17 - Questions

1. 53 (3) 59
   92 (4) 98
   34 (2) 38
   71 (?) 79

   Quel est le chiffre qui doit remplacer le point d'interrogation ?

2. Quel est le nombre qui se trouve à trois cases de lui-même plus trois, deux cases de lui-même multiplié par deux, deux cases de lui-même moins quatre et deux places de lui-même divisé par trois ?

20	14	12	24	33
3	10	16	15	18
17	7	4	8	6
5	1	9	30	36
39	21	13	2	11

3.

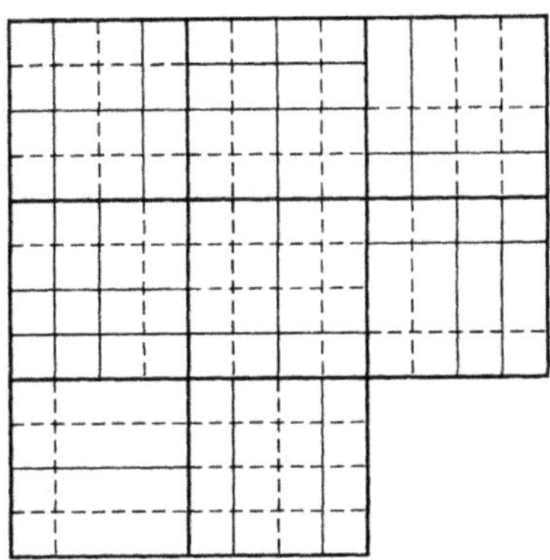

Quelle est la case manquante ?

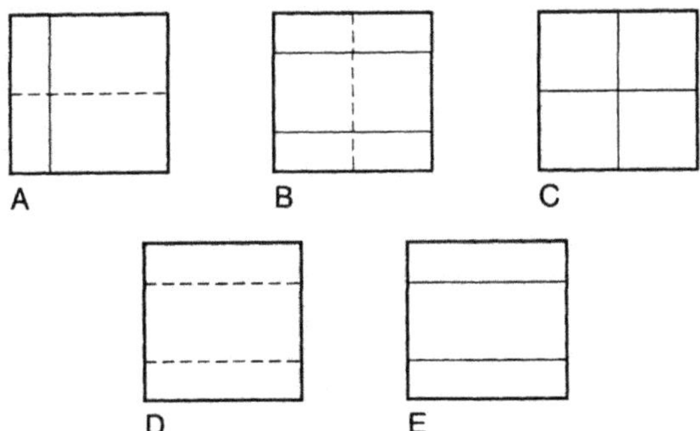

4. Dessinez la case manquante dans la suite ci-dessous.

5.

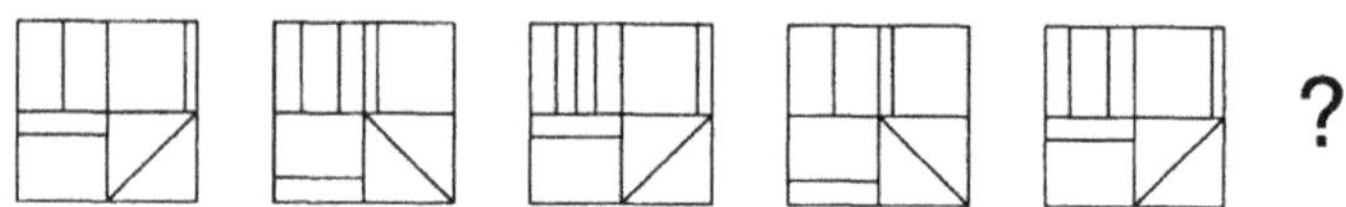

Complétez la suite ci-dessus :

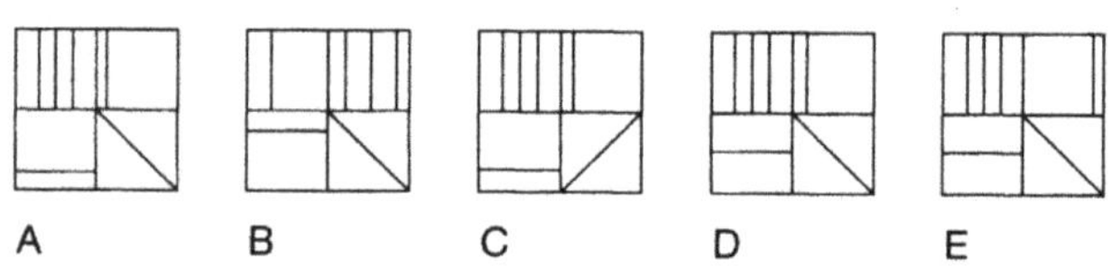

6. Dans la figure ci-dessous, quel est le pourcentage coloré en noir ?

7.

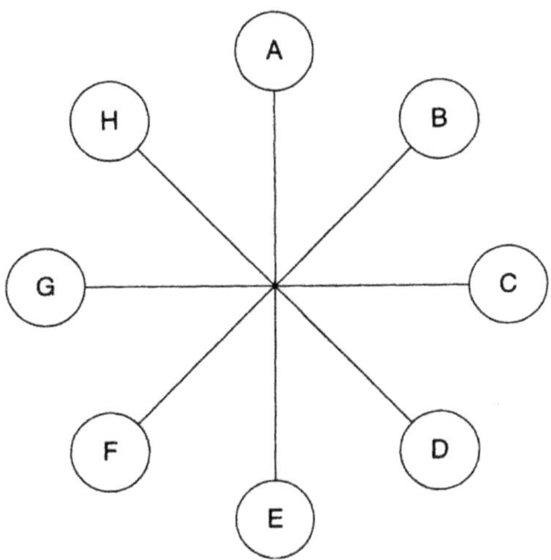

Quelle est la lettre qui se trouve à deux lettres dans le sens des aiguilles d'une montre de la lettre directement en face de la lettre à trois lettres dans le sens inverse des aiguilles d'une montre de la lettre C ?

8. Quel est le tiers d'un quart d'un cinquième d'un demi de 120 ?

9.

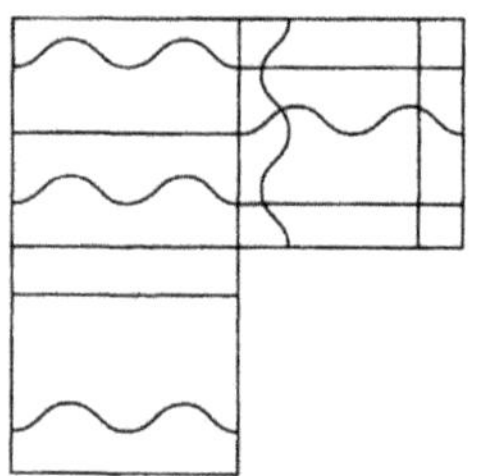

Trouvez la partie manquante :

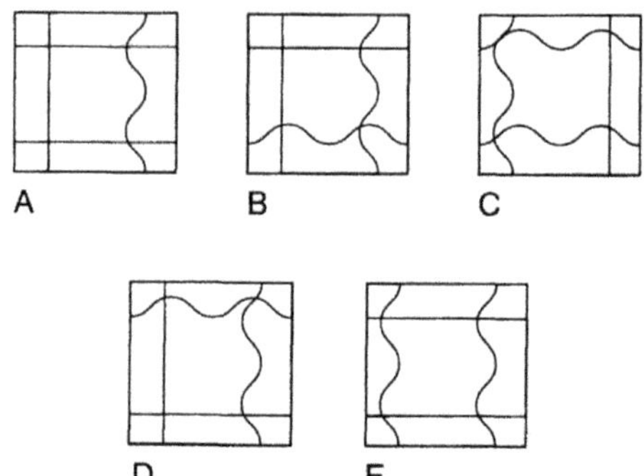

10. Trouvez le nombre à la place du point d'interrogation.

1	10	7	16
28	19	22	13
25	34	31	40
?	43	46	37

11. Le cashmere est à la laine ce que le taffetas est à la/au :
jute, soie, coton, lin.

12. La cardiologie est au cœur ce que la néphrologie est à : la poitrine, au rein, au nez, aux nerfs, au cerveau.

13. Marie a un tiers de plus que Mike qui a un tiers de plus que Molly. En tout, ils ont 148. Combien ont-ils chacun ?

14. Quel est l'intrus ?
prairie, pampa, massif, savane, veld.

15. Quel est le mot français le plus long que l'on puisse créer à partir des dix lettres ci-dessous ?
MIANTLTRPO

16. Trouvez deux synonymes parmi les mots ci-dessous :
discours, poli, étourdi, animé, impulsif, homélie, inepte, caustique.

17. Quel est l'antonyme de réversible parmi les mots ci-dessous ?
irrévocable, vaste, sensuel, calomnie, émacié, lassitude, lubrique.

18. Parmi les groupes de trois lettres ci-dessous, trouvez-en deux qui, réunis, forment un terme géographique :
SIE ENE LEI HAM PAM
VAL PAS LES RAV RRE

19. Formez un mot en suivant les segments à l'intérieur du cercle et en vous déplaçant le long de la circonférence.

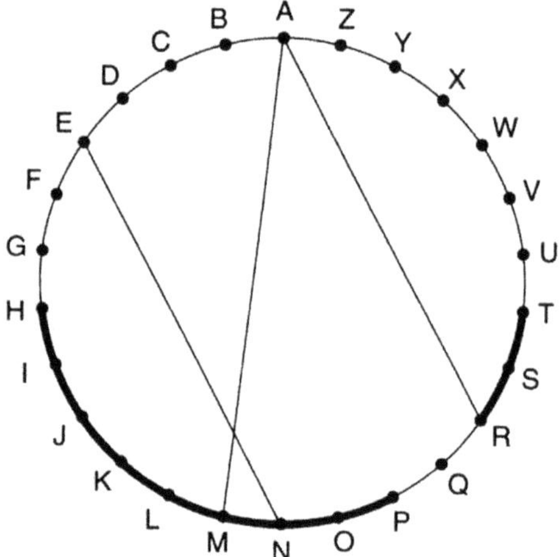

20. Quelle lettre se trouve immédiatement à gauche de la lettre immédiatement en dessous de la lettre deux lettres à gauche de la lettre I ?

A	B	C	D	E	
F	G	H	I	J	
K	L	M	N	O	
P	Q	R	S	T	
U	V	W	X	Y	Z

21.

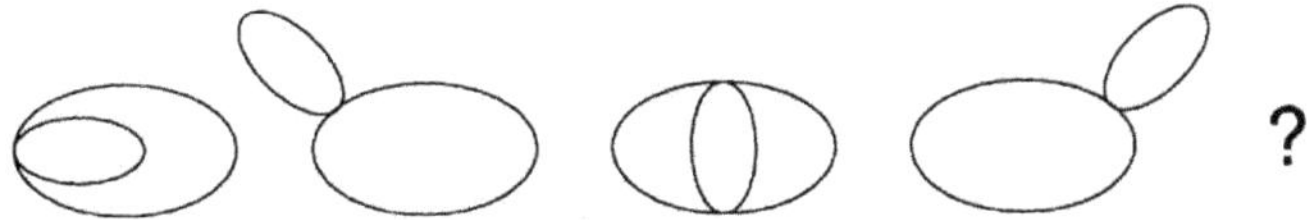

Quelle est la suite logique de la série ci-dessus ?

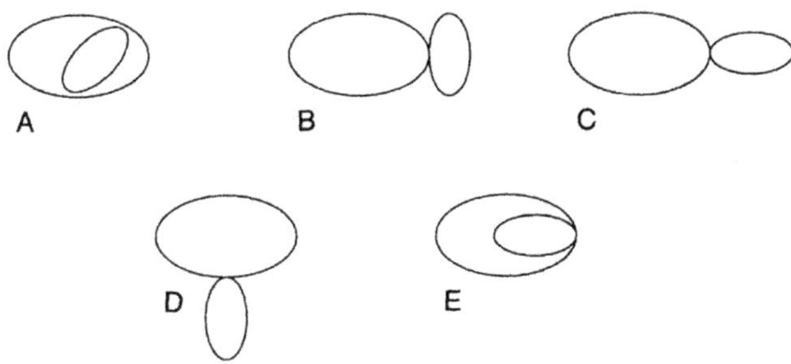

22. Trouvez l'intrus
8712 5247 4356 1485 3645

23. Quel est l'intrus ?
Boléro, calypso, valse, salsa, polka.

24.

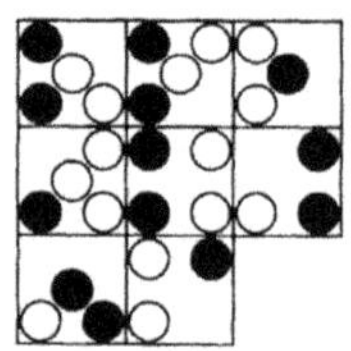

Quelle est la case manquante ?

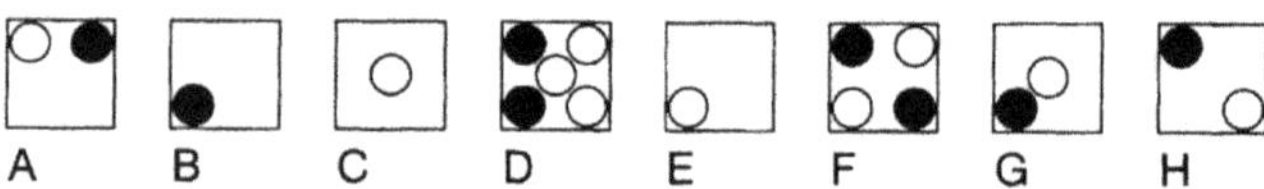

25. Trouvez le nombre qui doit remplacer le point d'interrogation.

5	7	4	3	1
1	2	2	6	5
6	6	5	?	
1	2			

TEST 17 - Réponses

1. 9. (7 x 9) ÷ (7 x 1)

2. 9.

3. E. Horizontalement et verticalement, les lignes des deux premiers carrés sont reproduites dans le dernier carré lorsqu'elles apparaissent deux fois dans la même position dans le premier carré. Dans ce cas, de lignes continues, elles deviennent pointillées, et inversement.

4. Le point blanc se déplace d'angle en angle, en passant par le côté, dans le sens inverse des aiguilles d'une montre. Le point noir fait la même chose dans le sens des aiguilles d'une montre.

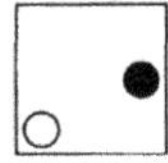

5. A. Si on lit le carré de gauche à droite, horizontalement : dans la case en haut à gauche, le schéma une ligne/deux lignes/trois lignes se reproduit ; dans la case en haut à droite, la ligne verticale passe alternativement de droite à gauche ; dans la case en bas à gauche, la ligne horizontale est une fois en haut, une fois en bas, et dans la case en bas à droite, les diagonales changent de direction à chaque fois.

6. 5/8 ou 0,625 ou 62,5 pour cent.

7. F.

8. 1. Partez de la fin, à partir de 120, c'est-à-dire 120 – 60 – 12 – 3 – 1.

9. D. Toutes les lignes sont reproduites, mais les lignes ondulées deviennent droites, et inversement.

10. 52. Commencez par la case en haut à gauche, longez la rangée du haut, puis longez la deuxième rangée de droite à gauche, en ajoutant case par case + 9 puis – 3, + 9, – 3, etc.

11. Soie.

12. Rein.

13. Molly 36, Mike 48, Mary 64.

14. Massif. C'est un ensemble montagneux, les autres désignent des plaines.

15. Important.

16. Discours, homélie.

17. Irrévocable.

18. Pampas.

19. Trampoline.

20. K.

21. E. La petite ellipse se déplace de 45° dans le sens des aiguilles d'une montre et se trouve à tour de rôle à l'intérieur puis à l'extérieur de la plus grande ellipse.

22. 3645. Dans toutes les autres combinaisons, le nombre formé par les deux premiers chiffres additionné au nombre formé par les deux derniers chiffres est égal à 99.

23. Calypso. C'est une chanson, les autres sont des danses.

24. B. Horizontalement et verticalement, seuls les points qui apparaissent deux fois dans les deux premiers carrés sont transposés dans le troisième carré. De plus, ils passent du noir au blanc, et vice-versa.

25. 2. Chaque carré composé de quatre cases, donc de quatre chiffres, fait un total de 15.

TEST 18 - Questions

1. Quel est l'intrus ?

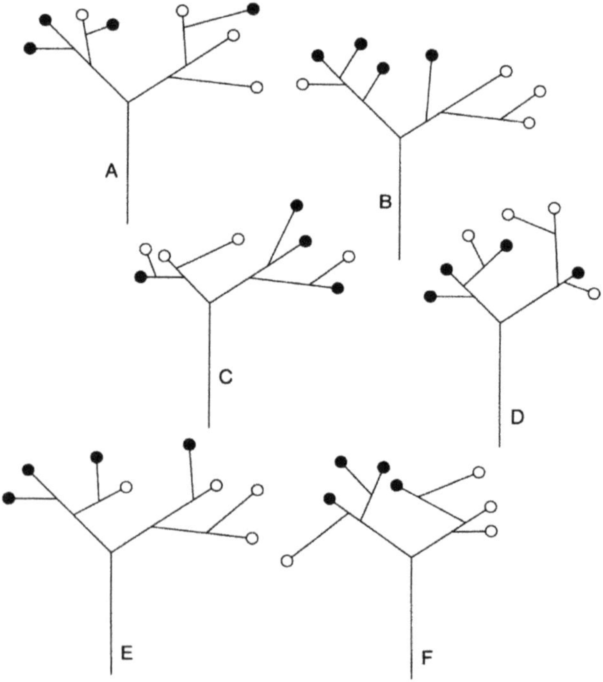

A

B

C

D

E

F

2. Quel mot entre parenthèse est l'antonyme du mot en lettres capitales ?

   DÉFÉRENT (candide, lucide, impertinent, content, coupable)

3. Quel est l'intrus ?
   2536 5869 6957 1425 4758

4. Combien y a-t-il de lignes dans la figure ci-dessous ?

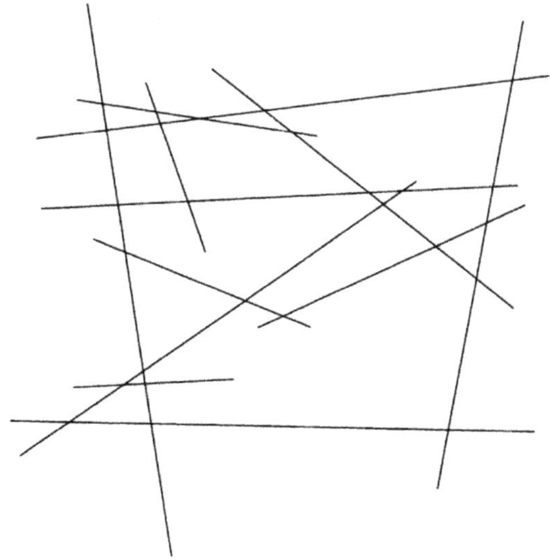

5. 0, 1, 2, 5, 20, 25, ?, ?
   Quels sont les deux nombres à la place des points d'interrogation ?

6. Quel est l'intrus ?
   exacerber, délester, amplifier, intensifier, gonfler

7. Trouvez le chiffre qui doit remplacer le point d'interrogation.

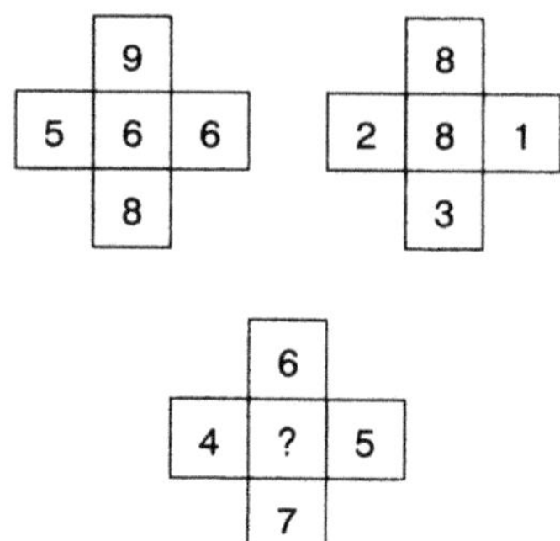

8. Trouvez le chiffre à la place du point d'interrogation.

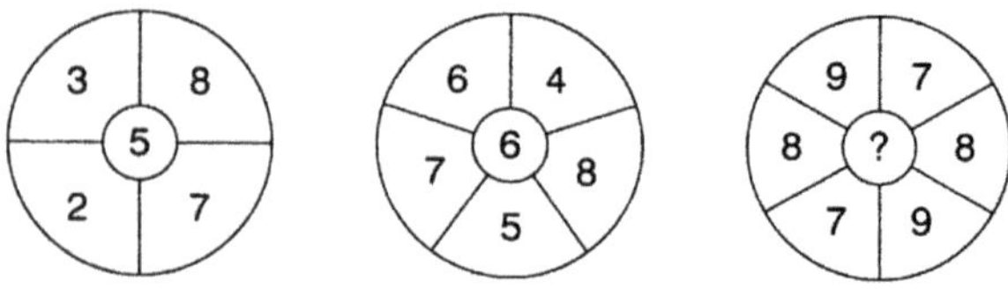

9.

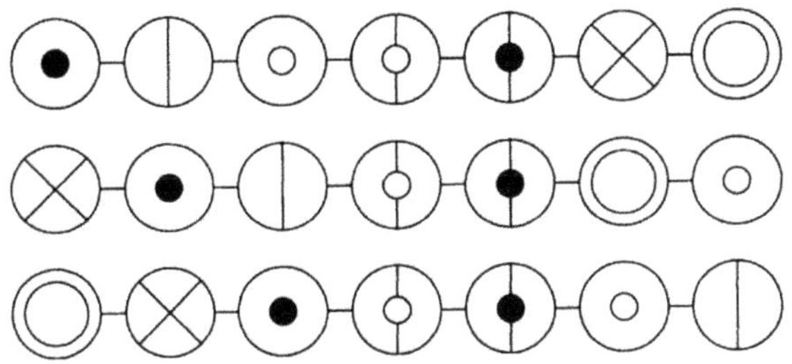

Quelle est la suite de la série ci-dessus ?

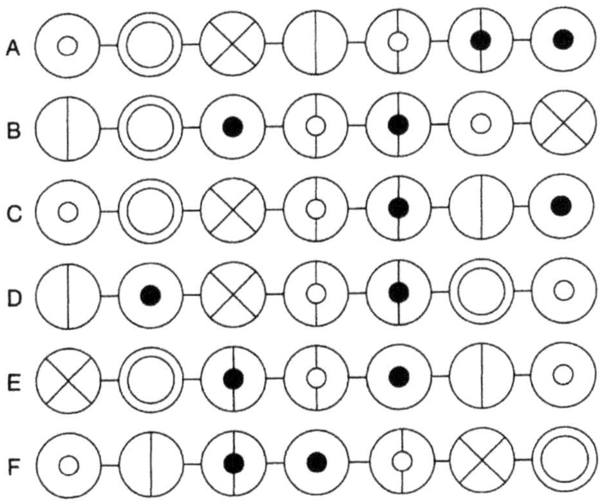

10. Dans huit ans, mon âge ajouté à celui de mes deux fils sera de 124. Quel sera t-il dans cinq ans ?

11. Quels sont les deux synonymes ?
vieux, rigide, mûr, pur, uniforme, fait.

12.

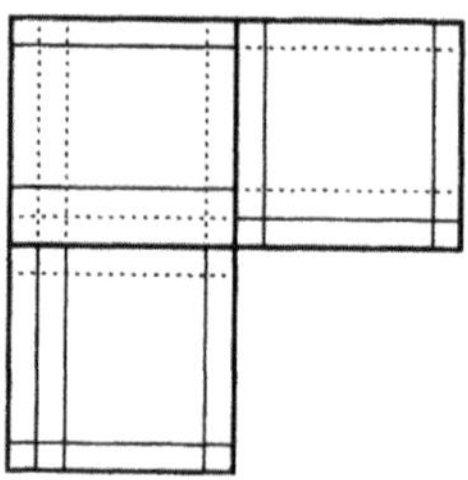

Quelle est la case manquante ?

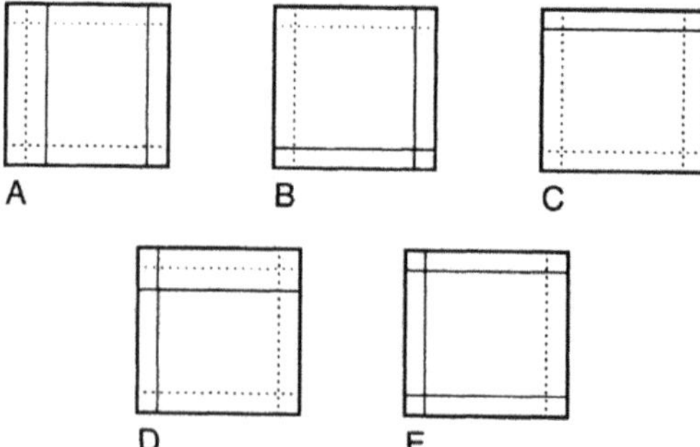

13. L'abîme est au gouffre, ce que la fissure est à : la crevasse, au renfoncement, à la gorge, au canyon, à la brèche.

14. Jack a deux fois l'âge de Jill, mais dans cinq ans, il sera âgé seulement d'une fois et demi de plus que Jill. Quels sont les âges respectifs de Jack et de Jill ?

15. Dessinez la figure manquante dans le schéma ci-dessous.

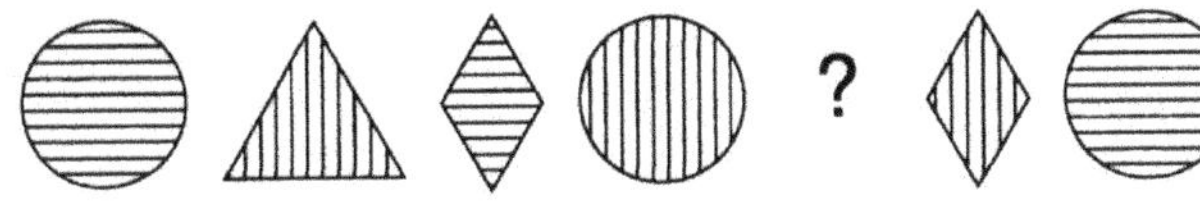

16. 1000, 865, ?, 595, 460, 325
Quel nombre doit remplacer le point d'interrogation ?

17. Multipliez le plus petit nombre pair de la grille par le plus grand nombre impair.

14	26	28
91	18	89
57	177	22
189	16	7

18.

Parmi les écussons ci-dessous, lequel a le plus d'éléments en commun avec la figure ci-dessus ?

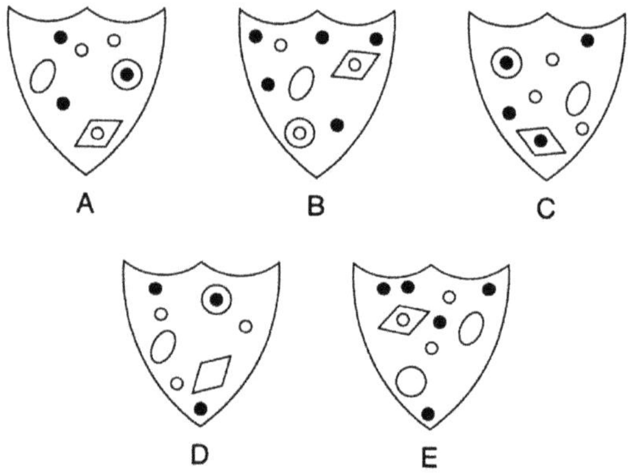

19. Que signifie laconique ?
ennuyeux, terne ;
larmoyant ;
s'exprimer en peu de mots ;
émotionnellement instable ;
sarcastique.

20. 17, 4, 29, 13, 41, 22, 53, 31, ?
Quel nombre doit remplacer le point d'interrogation ?

21.

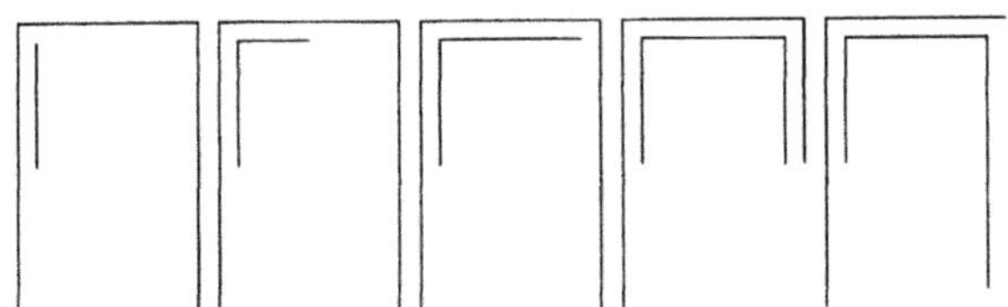

Quelle est la suite logique de la série ci-dessus ?

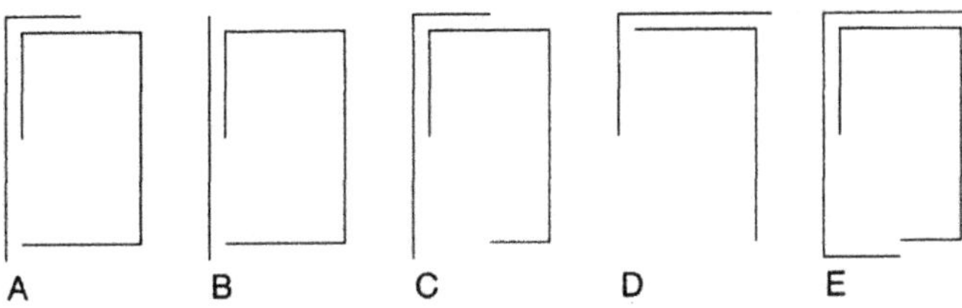

22. Trouvez le nombre qui doit remplacer le point d'interrogation.

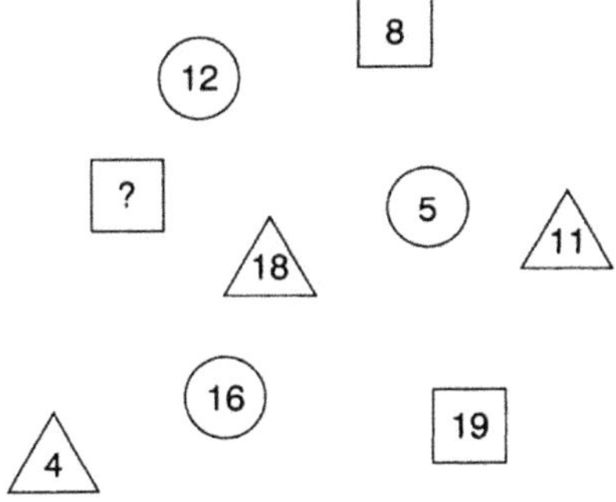

23.

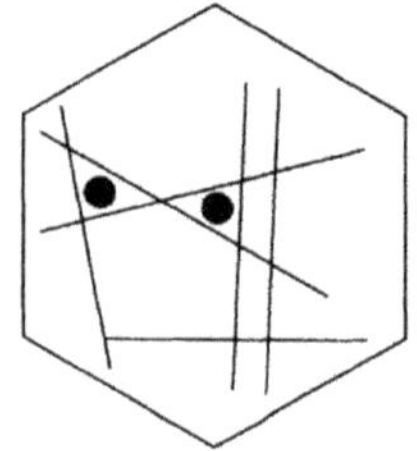

À quel hexagone ci-dessous peut-on ajouter un point, afin que les deux points soient dans le même agencement que ceux de l'hexagone ci-dessus ?

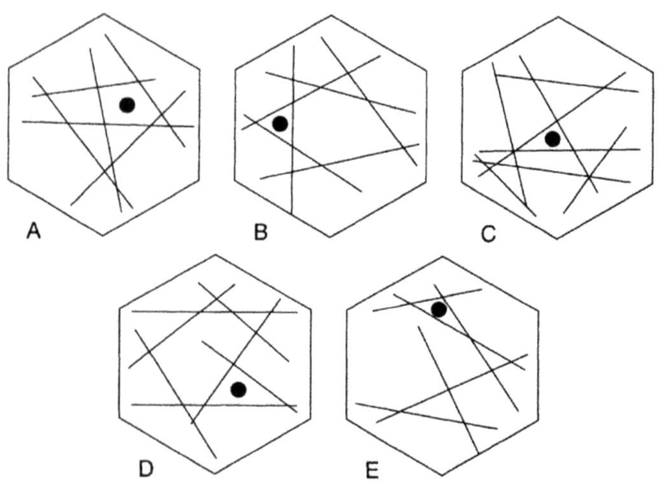

24.

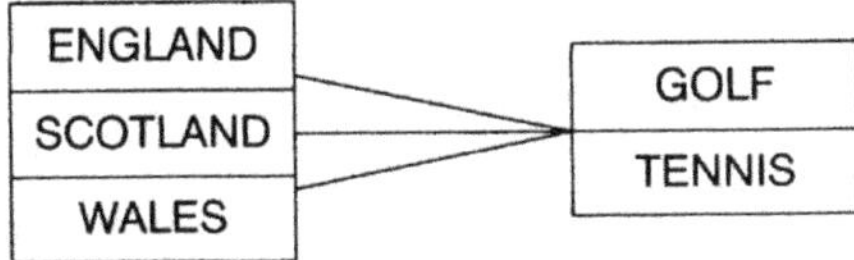

Trois équipes venant d'Angleterre, d'Écosse et du pays de Galles sont en lice pour l'obtention de deux trophées, l'un de golf, l'autre de tennis. Combien de combinaisons possibles existe-il ?

25. Le bouton A commande les lumières 1 et 2 on/off ou off/on ;
Le bouton B commande les lumières 2 et 4 on/off ou off/on ;
Le bouton C commande les lumières 1 et 3 on/off ou off/on ;
Le bouton D commande les lumières 3 et 4 on/off ou off/on.

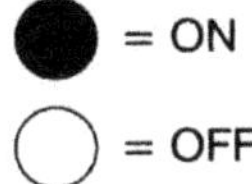

Les boutons B, D, A, et C sont actionnés à tour de rôle, de sorte qu'on passe de la figure 1 à la figure 2. Quel bouton ne fonctionne pas du tout ?

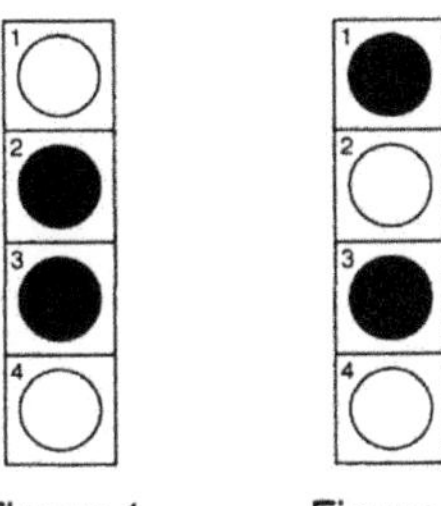

Figure 1 Figure 2

TEST 18 - Réponses

1. C. Cette figure a trois cercles blancs et un cercle noir sur la branche gauche, et trois cercles noirs et un blanc sur la branche droite. Pour les autres figures, c'est l'inverse.

2. Impertinent.

3. 6957 : les autres combinaisons fonctionnent suivant la logique suivante : + 3, - 2, + 3

4. 12.

5. 150, 157. La logique est la suivante : + 1, x 2, + 3, x 4, + 5, x 6, + 7.

6. « Délester » veut dire décharger, diminuer, tandis que tous les autres termes signifient augmenter.

7. 4. (6 + 7) – (4 + 5)

8. 8. Le chiffre du milieu est la moyenne de ceux qui l'entourent. Donc, 7 + 8 + 9 + 7 = 48, et 48 ÷ 6 = 8.

9. C. À chaque étape, le troisième cercle se place à la fin de la ligne et le sixième cercle au début.

10. 109. Dans cinq ans, nous aurons chacun trois ans de moins que dans huit ans, 5 x 3 = 15, et 124 – 15 = 109.

11. Mûr, fait.

12. C. Toutes les lignes sont reproduites. Les lignes en pointillé deviennent continues, et inversement.

13. La crevasse.

14. Jack a 10 ans et Jill, 5.

15.

La suite alterne entre le cercle, le triangle et le losange, barrés de lignes horizontales puis verticales.

16. 730. Déduire 135 à chaque fois.

17. 2646 (14 x 189).

18. C. Cette figure contient quatre points noirs et trois points blancs.

19. S'exprimer en peu de mots.

20. 65. Il y a deux suites qui se succèdent alternativement : + 12 et + 9.

21. C. À chaque étape, le plus grand rectangle perd un demi-côté dans le sens inverse des aiguilles d'une montre et le petit rectangle gagne un demi-côté dans l'autre sens.

22. 6. Les nombres dans les triangles, les carrés et les cercles font un total de 33.

23. C. Un point apparaît dans un triangle et un autre point apparaît dans deux triangles (dans l'exemple, le côté droit forme à la fois un petit triangle et un triangle plus large, et le point noir se trouve dans les deux triangles).

24. 9. Les différentes possibilités sont les suivantes :
L'Angleterre remporte le prix de golf et de tennis.
L'Écosse remporte le prix de golf et de tennis.
Le pays de Galles remporte le prix de golf et de tennis.
L'Angleterre remporte le prix de golf, l'Écosse le tennis.
L'Écosse remporte le prix de golf, l'Angleterre le tennis.
L'Angleterre remporte le prix de golf, le pays de Galles le tennis.
Le pays de Galles remporte le prix de golf, l'Angleterre le tennis.
L'Écosse remporte le prix de golf, le pays de Galles le tennis.
Le pays de Galles remporte le prix de golf, l'Écosse le tennis.

25. Le bouton A est défectueux.

TEST 19 - Questions

1. 1, 3, 4, 7, 11, 18, 29, ?
   Trouvez le nombre qui doit remplacer le point d'interrogation.

2. « Blanchir » est à « bouillir » ce que « faire sauter » est à : cuire à feu doux, frire, tremper, rôtir, garnir.

3. Dans un jeu long de soixante-dix minutes, comprenant huit participants, six remplaçants relaient chaque joueur une fois. Cela veut dire que tous les joueurs, y compris les remplaçants, ont le même temps de jeu. Combien de temps passent-ils chacun sur le terrain ?

4. Trouvez l'intrus
   parabolique, lancette, piédroit, trèfle, doucine

5.

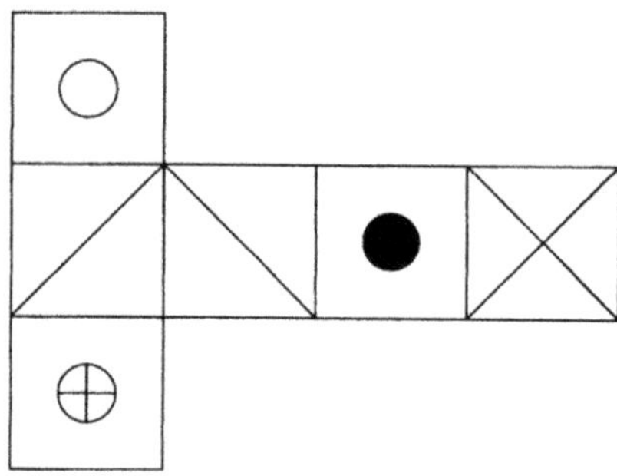

Lorsqu'on plie la figure ci-dessus pour former un cube, lequel parmi les cubes ci-dessous obtient-on ?

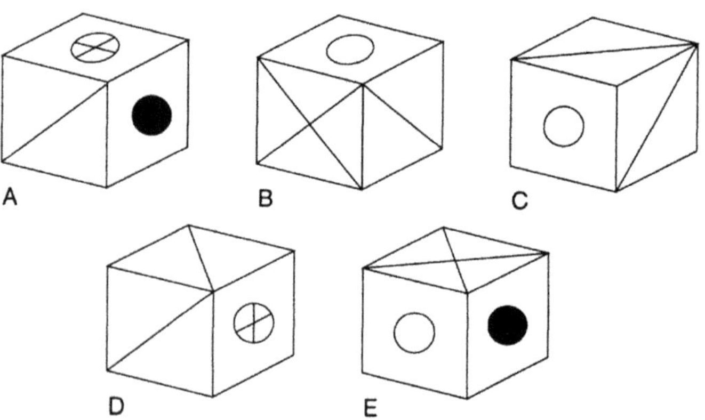

6. Parmi les quatre figures ci-dessous, trouvez-en trois qui, emboîtées, forment un carré ?

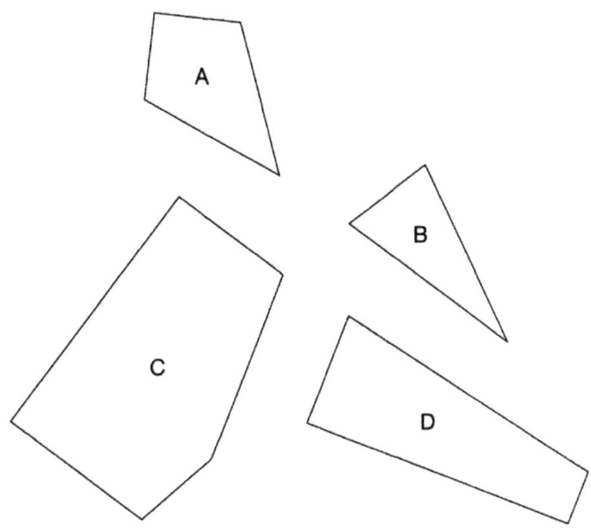

7. Parcourez les lignes de manière horizontale et verticale, et trouvez le chiffre qui doit remplacer le point d'interrogation.

8	3	4
9	4	6
12	2	?

8. Quelle lettre se trouve directement en face de la lettre à deux lettres dans le sens inverse des aiguilles d'une montre de la lettre directement en face de la lettre H ?

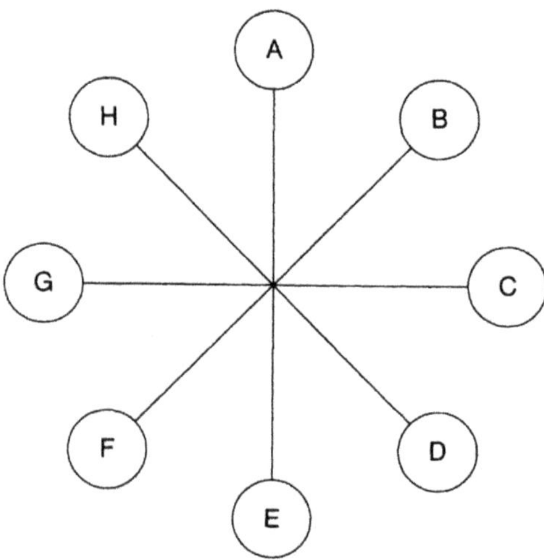

9. Sachant que cinq hommes peuvent construire une maison en 16 jours, combien faudrait-t-il à deux hommes pour construire la même maison, en partant du principe qu'ils travaillent tous à la même vitesse ?

10.

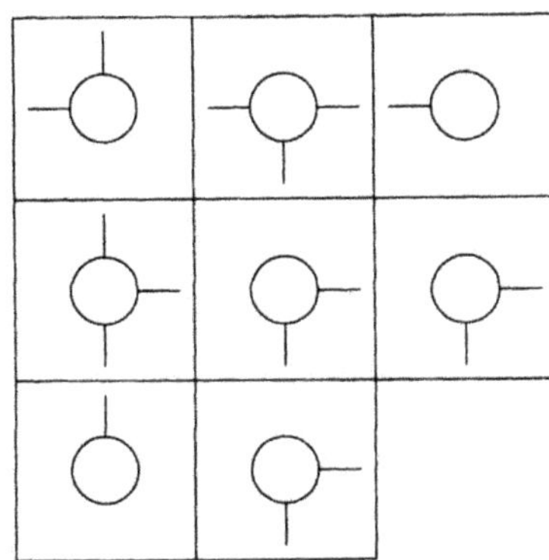

Quelle est la case manquante ?

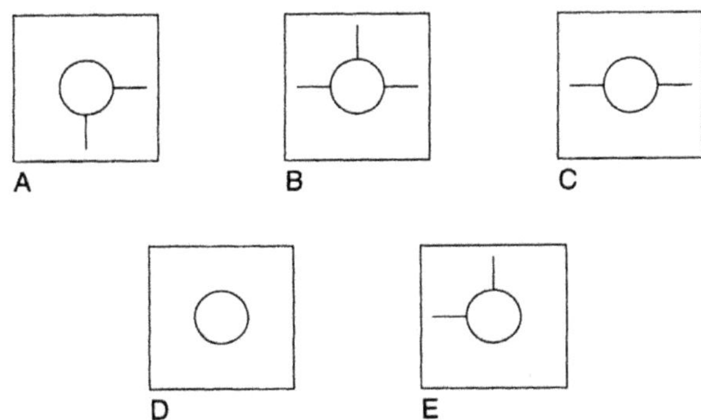

11. Insérez les nombres 1 à 5 dans les cercles vides, de façon à ce que pour chaque cercle, quel qu'il soit, la somme des nombres des cercles auxquels il est relié soit équivalente à la valeur de ce nombre telle que donnée dans la liste.

Exemple :

1 = 14 (4+3+7)
3 = 5 (4+1)
4 = 4 (1+3)
7 = 1

1 = 4
2 = 12
3 = 7
4 = 8
5 = 9

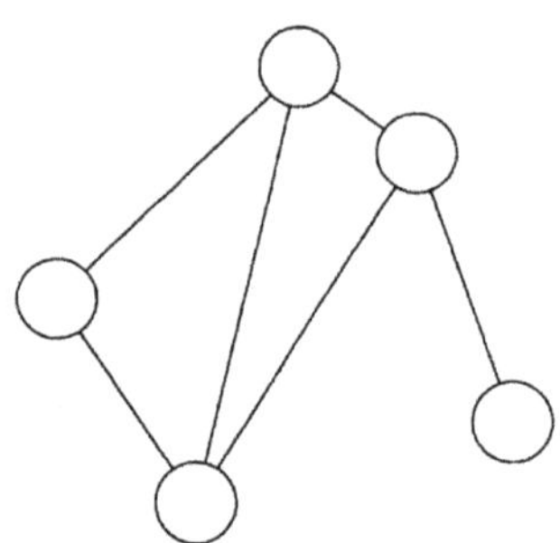

12. 742 (8710) 138
395 (12167) 972
819 (?) 356

Trouvez le nombre qui doit remplacer le point d'interrogation.

13.

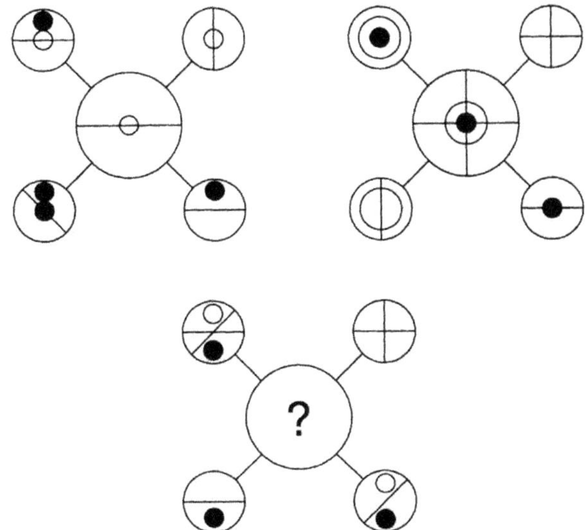

Trouvez le cercle qui doit remplacer le point d'interrogation.

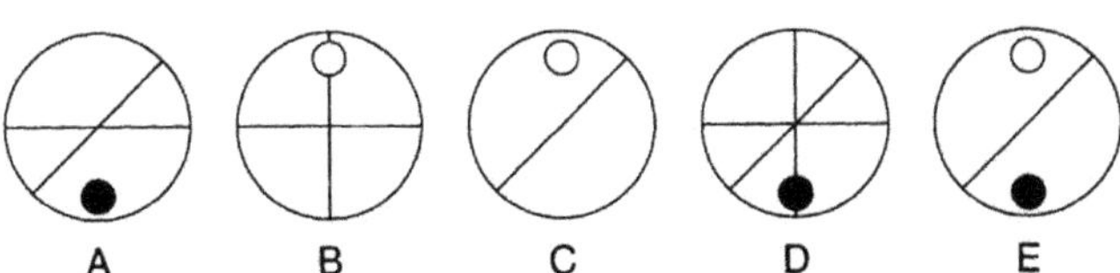

14.

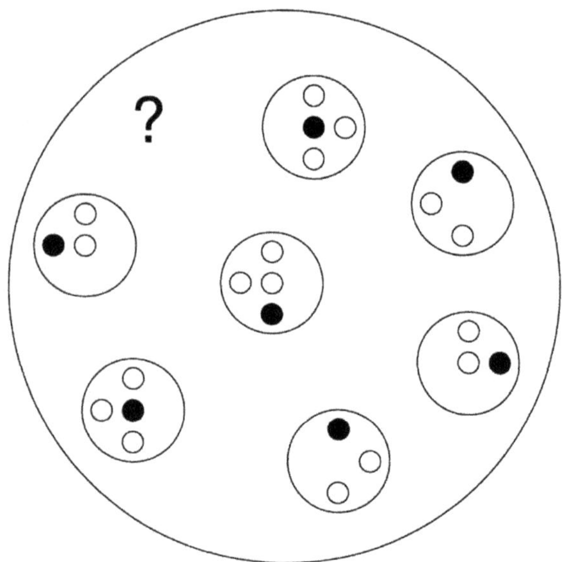

Trouvez le cercle qui doit remplacer le point d'interrogation.

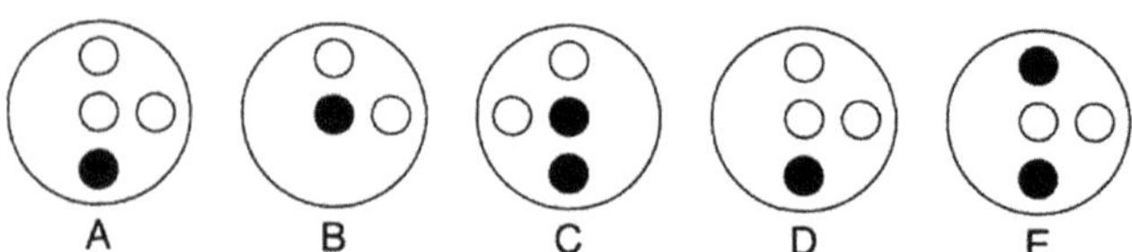

15.

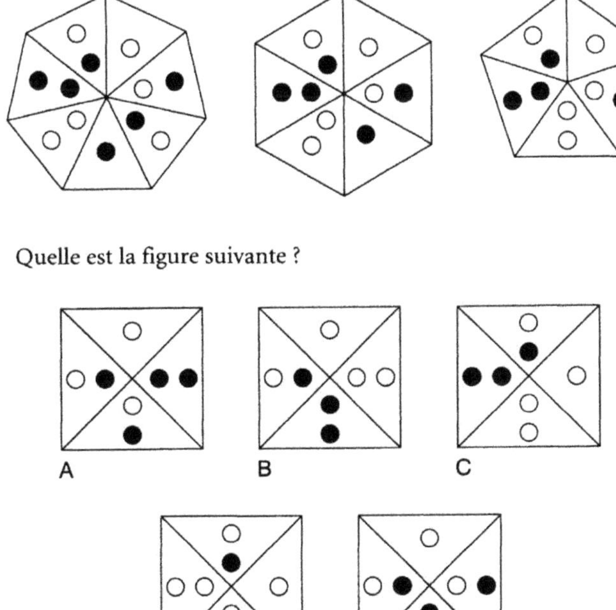

Quelle est la figure suivante ?

16.

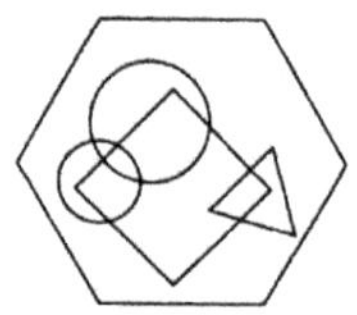

Parmi les hexagones ci-dessous, lequel a le plus d'éléments en commun avec la figure ci-dessus ?

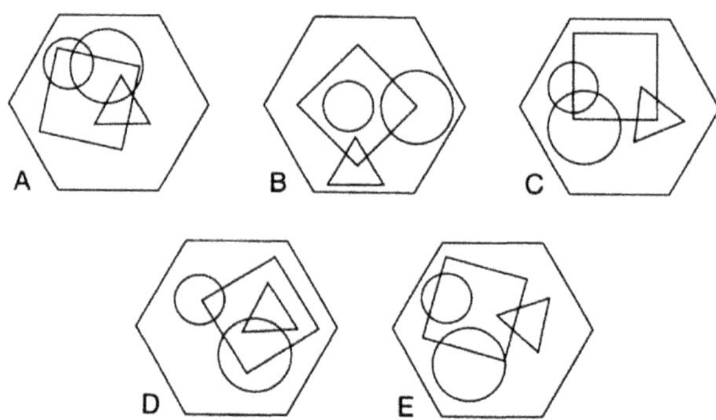

17. Simplifiez la fraction ci-dessous par la plus petite fraction possible :

$$\frac{27}{74} \div \frac{9}{37} \times \frac{6}{17}$$

18. Quelle lettre se trouve deux lettres à droite de la lettre deux lettres au-dessus de la lettre quatre lettres à gauche de la lettre Z ?

A	B	C	D	E	
F	G	H	I	J	
K	L	M	N	O	
P	Q	R	S	T	
U	V	W	X	Y	Z

19. Dessinez la partie manquante dans la série ci-dessus.

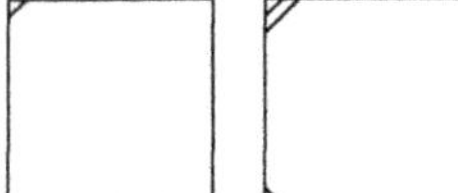

20. Trouvez le chiffre qui doit remplacer le point d'interrogation.

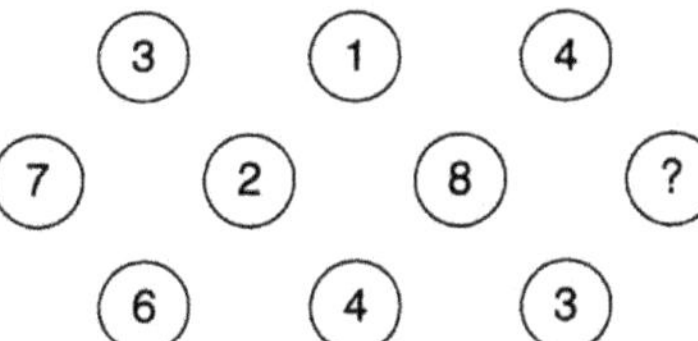

21. Le fusil est à l'arme à feu, ce que le coutelas est à la lame, l'épée, l'arme, le briquet, la rupture ?

22. Trouvez le nombre qui doit remplacer le point d'interrogation.

6	7	9	16
4	3	2	4
6	11	5	32
18	10	13	?

23. 7 4 2 6 3 5 8 1 9
Quelle est la différence entre la moyenne des chiffres ci-dessus et le deuxième plus petit nombre pair ?

24. Parmi les groupes de quatre lettres ci-dessous, réunissez-en deux de façon à former un mot de huit lettres : B4-T10-31
PAVI TRUN PERS
UADE LLON CATE

25.

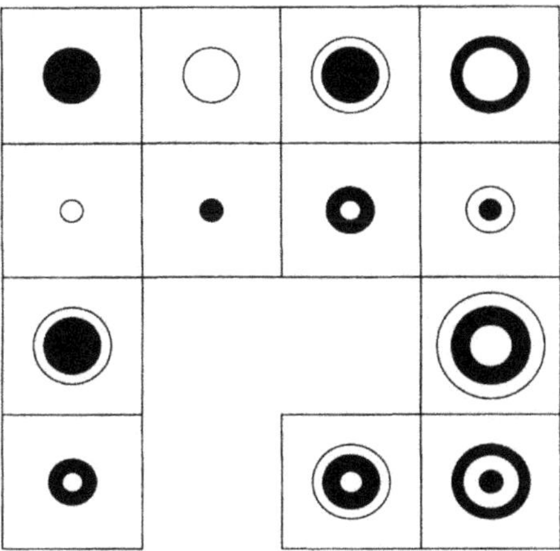

Quelle est la partie manquante ?

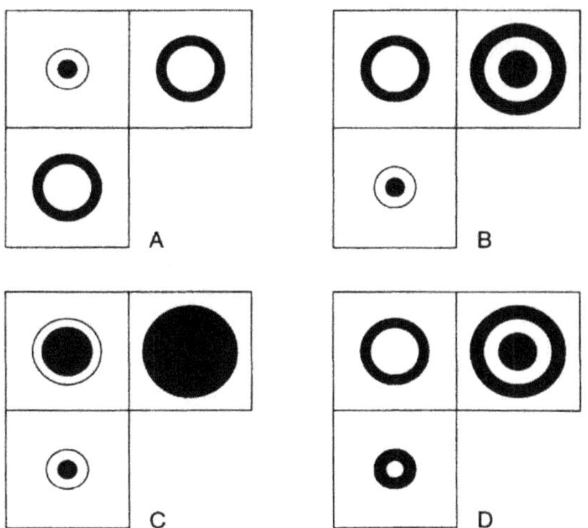

TEST 19 - Réponses

1. 47. Chaque nombre est la somme des deux nombres précédents, donc 18 + 29 = 47.

2. Frire.

3. 40 minutes. (70 x 8) ÷ 14

   Temps total pour huit joueurs = 70 x 8 = 560 minutes. Comme chacun des 14 joueurs passent le même temps sur le terrain, ils y restent chacun 40 minutes (560 ÷ 14).

4. Piédroit. C'est la partie d'une structure, les autres mots font référence à des types spécifiques d'arcs.

5. E.

6.

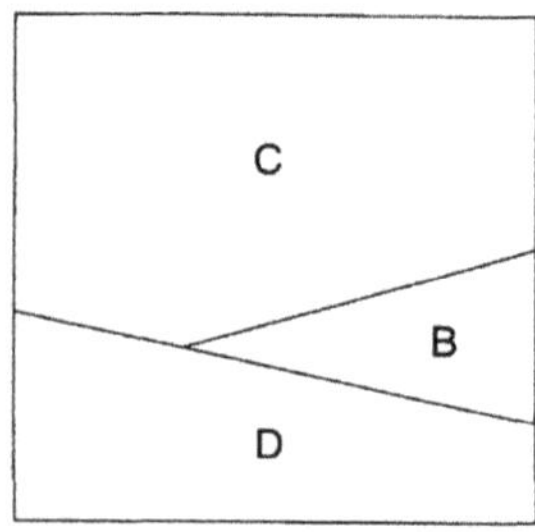

7. 4. Pour obtenir le nombre à la fin de chaque ligne et chaque colonne, multipliez les deux premiers nombres entre eux et divisez-les par 6.

8. F.

9. 40 jours. Cinq hommes mettent 5 x 16 = 80 jours pour construire la maison. Deux hommes mettraient donc 40 jours pour construire la maison (80 ÷ 2).

10. D. Horizontalement et verticalement, seules les lignes qui apparaissent deux fois dans les deux premiers carrés sont reproduites dans le troisième carré.

11.

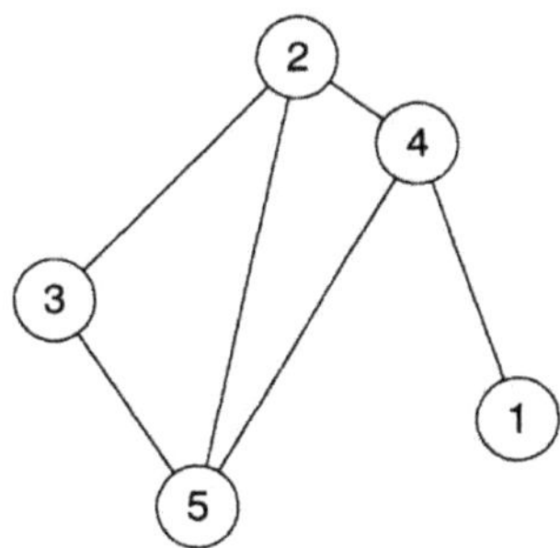

12. 11615. 8 + 3 = 11 ; 1 + 5 = 6, ; 9 + 6 = 15.

13. C. Seules les lignes et les symboles qui apparaissent deux fois – et deux fois seulement – dans les cercles extérieurs sont reproduits dans le cercle intérieur.

14. A. Les cercles fonctionnent par paires : ils sont des images inversées les uns des autres.

15. E : la figure perd un côté à chaque fois, et la deuxième case à partir du segment ne contenant qu'un seul point blanc dans le sens des aiguilles d'une montre disparaît.

16. C. Les deux cercles et le carré se chevauchent ; le triangle et le carré se recoupent.

17. 27/74 x 37/9 x 6/17 = 3/2 x 6/17 = 18/34 = 9/17.

18. N.

19.

À chaque étape, une ligne est ajoutée dans chaque angle dans le sens inverse des aiguilles d'une montre et une nouvelle ligne est ajoutée dans les angles contenant déjà une ligne.

20. 6. 36 x 2 = 72 ; 14 x 2 = 28 et 43 x 2 = 86.

21. L'épée.

22. 32.
    6 x 4 = 6 + 18
    7 x 3 = 11 + 10
    9 x 2 = 5 + 13
    16 x 4 = 32 + 32

23. 1. La moyenne est 45 ÷ 9 = 5 ; le deuxième plus petit nombre pair = 4.

24. Pavillon.

25. B. Horizontalement et verticalement, ajoutez un cercle, en alternant noir/blanc, un carré sur deux.

TEST 20 – Questions

1. 1 ; 2,25 ; 3,75 ; 5,5 ; 7,5 ; 9,75, ?
   Trouvez le nombre qui doit remplacer le point d'interrogation.

2. À combien de minutes sommes-nous de minuit, si 32 minutes plus tôt, l'heure équivalait à trois fois plus de minutes passées de 22 h ?

3. 1, 31, 59, 85, 109, ?
   Trouvez le nombre qui doit remplacer le point d'interrogation.

4. Dessinez la figure manquante dans la suite ci-dessous.

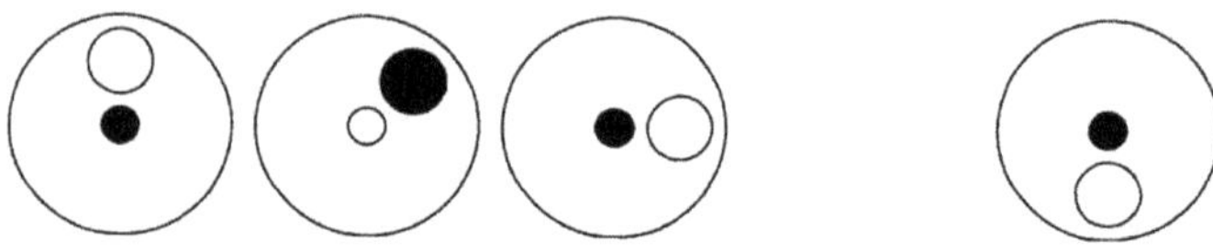

5.

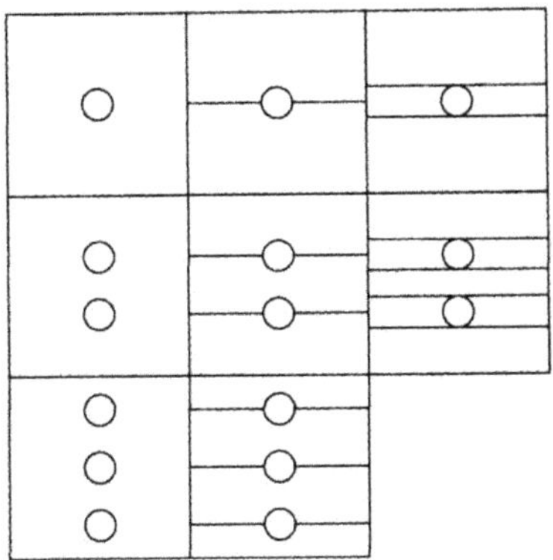

Quelle est la case manquante ?

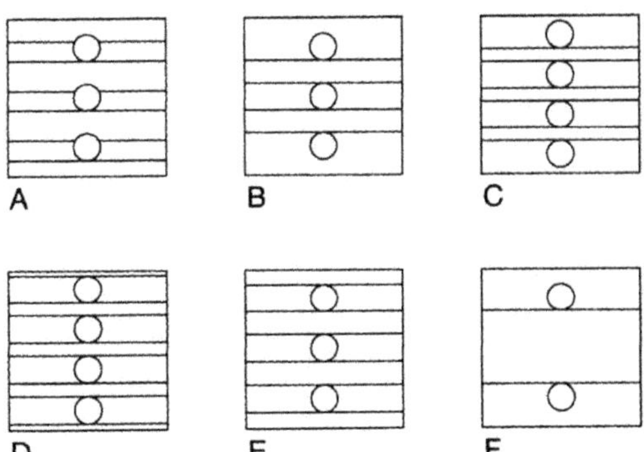

6. Que représente 5/9 divisé par 15/18 ?

7. Trois pièces de monnaie sont jetées en l'air. Deux d'entre elles retombent du côté pile. Quelles sont les chances pour que cela se reproduise si on lance les pièces une deuxième fois ?

8.

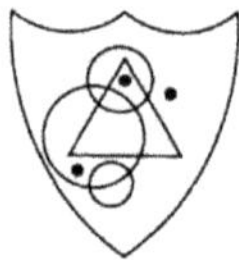

Parmi les écussons ci-dessous, lequel a le plus d'éléments en commun avec la figure ci-dessus ?

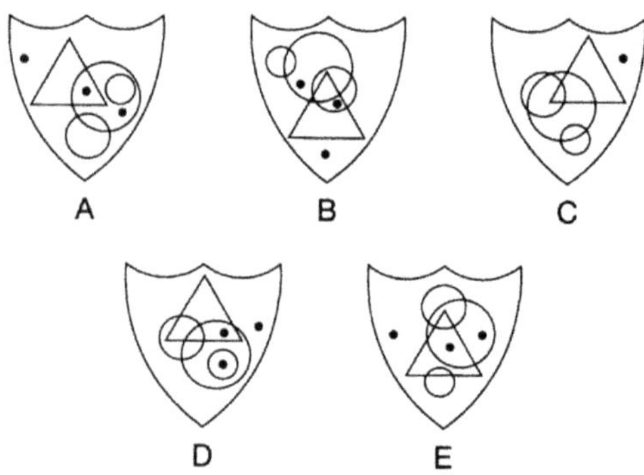

9. Quel est l'intrus ?
truie, taureau, baudet, sanglier, étalon.

10. Parmi les groupes de cinq lettres ci-dessous, seul un peut être remanié pour former un mot de cinq lettres. De quel groupe s'agit-il ?

    LEVUR

    TNIEC

    HEOLC

    ANOIP

    IRNAL

11. Le pentagone est au chiffre 5, ce que l'ennéagone est au chiffre : sept, neuf, dix, douze, vingt.

12. Trouvez les deux synonymes :
    suprême, pénible, avare, exigeant, obscure, inadapté.

13. Trouvez les deux antonymes :
    incarcérer, narquois, artifice, astucieux, enflammer, enrager, libérer, robuste.

14. Trouvez les lettres manquantes afin de former des noms de minéraux :
    -L-M-N-U-
    -O-A-S-U-
    -A-N-S-UM

15. 70 91 120
13 24
5 7 ?
Trouvez le chiffre qui doit remplacer le point d'interrogation.

16. A B C D E F G H
Quelle lettre se trouve deux lettres à droite de la lettre immédiatement à gauche de la lettre quatre lettres à droite de la lettre deux lettres à gauche de la lettre E ?

17. Trouvez le nombre qui doit remplacer le point d'interrogation.

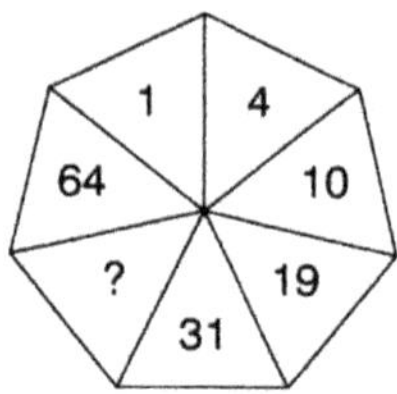

18. Un marchand de fruits et légumes reçoit une cagette pleine de tomates. En ouvrant la cagette, il se rend compte que plusieurs des tomates ont disparu. Il les compte afin d'établir un rapport détaillé en vue de porter plainte, et il se rend compte que 68 tomates sont avariées, ce qui représente 16 % du contenu total de la boîte. Combien y avait-il de tomates dans la boîte ?

19.

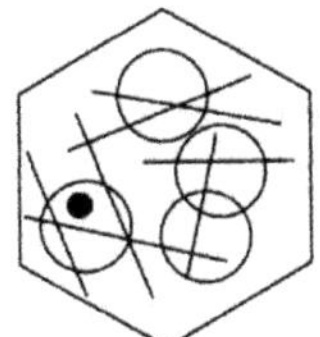

À quel hexagone ci-dessous peut-on ajouter un point afin qu'il soit dans le même agencement que celui de l'hexagone ci-dessus ?

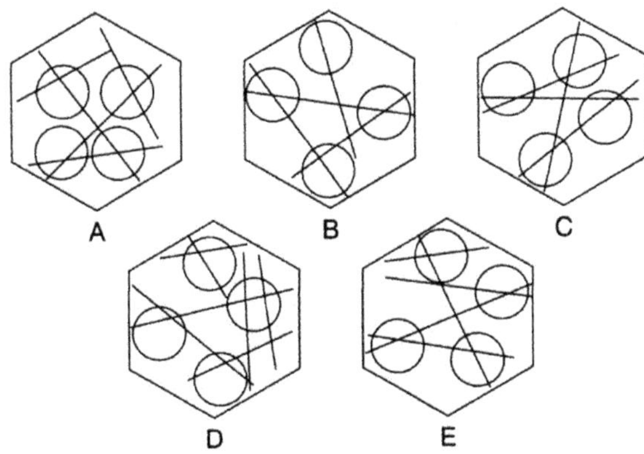

20. Trouvez le nombre qui doit remplacer le point d'interrogation.

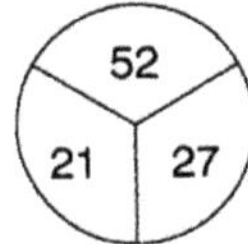

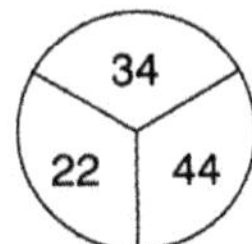

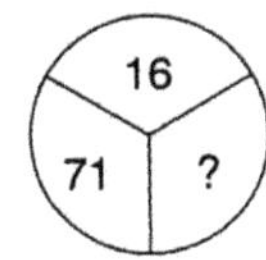

21. Quel est le poids d'un sac de farine s'il pèse 1kg plus le poids de la moitié du sac de farine ?

22. Trouvez le chiffre qui doit remplacer le point d'interrogation.

23. A, C, F, J, O, ?
Quelle est la prochaine lettre ?

24.

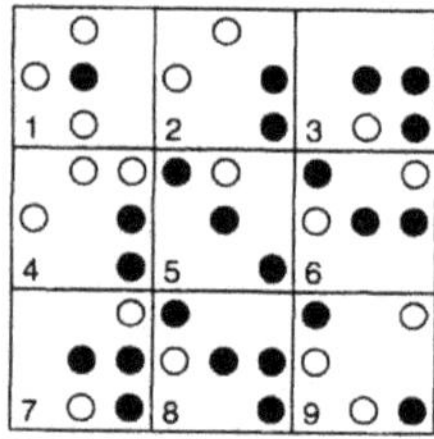

En lisant les lignes à la fois horizontalement et verticalement, nous constatons que les deux premières cases fusionnent pour former la troisième, excepté lorsque les symboles sont identiques – dans ce cas, ils s'annulent. Dès lors, quelle case parmi le schéma ci-dessus est incorrecte, et par quelle case doit-on la remplacer ? A, B, C, D ou E

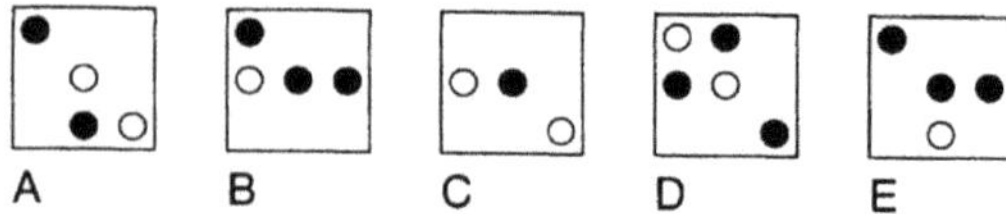

25.

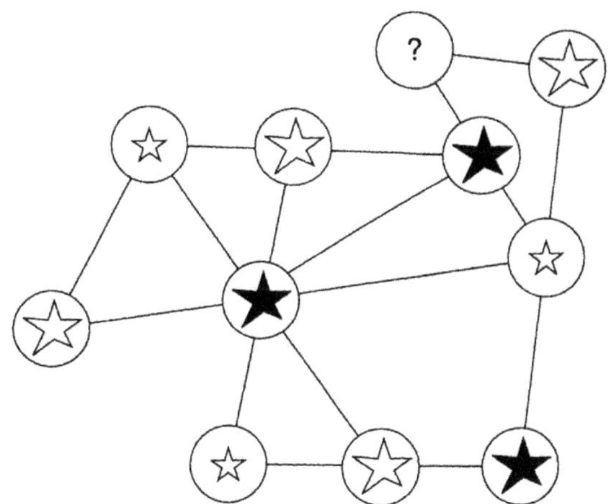

Quelle est le cercle manquant ?

TEST 20 - Réponses

1. 12,25. Ajoutez 1,25 ; 1,5 ; 1,75 ; 2 ; 2,25 ; 2,5.

2. 22 minutes. Minuit moins 22 minutes = 23 h 38 moins 32 minutes = 23 h 06. 22 h plus 66 minutes (22 x 3) = 23 h 06.

3. 131. Ajoutez 30, 28, 26, 24, 22.

4.

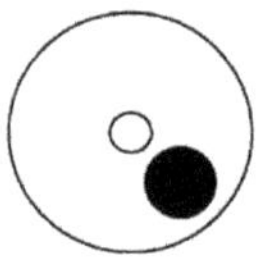

Le plus grand des deux petits cercles se déplace de 45° dans le sens des aiguilles d'une montre et passe successivement du noir au blanc. Le plus petit cercle alterne entre blanc et noir.

5. E. Horizontalement, le nombre de lignes augmente. Verticalement, il y a un cercle en plus à chaque fois et les cercles tiennent à l'intérieur des bandes formées par les lignes.

6. 5/9 x 18/15 = 2/3.

7. 50 %. C'est une certitude absolue qu'au moins deux pièces tomberont du même côté. Il existe la même probabilité que ces deux pièces tombent aussi bien du côté pile que du côté face. Ce qui est arrivé précédemment lors du lancement de pièces n'a aucune importance.

8. B. Cette figure contient trois cercles de différente taille, un triangle, un point isolé, un seul point dans le grand cercle et un autre point qui se trouve à la fois dans le cercle de taille moyenne et dans le triangle.

9. La truie. C'est un animal femelle, les autres sont des mâles.

10. ANOIP = PIANO

11. Neuf.

12. Pénible, exigeant.

13. Incarcérer, libérer.

14. Aluminium, potassium, magnésium.

15. 5. 70 ÷14 = 5 ; 91 ÷ 13 = 7, 120 ÷ 24 = 5.

16. H.

17. 46. Commencez par le chiffre 1 et tournez dans le sens des aiguilles d'une montre en ajoutant successivement 3, puis 6, 9, 12, 15, 18.

18. 425. (68 ÷16) x 100.

19. D. Le point est placé dans un cercle traversé par trois lignes.

20. 13. La somme des nombres de chaque cercle est égale à 100.

21. 2 kilogrammes : la moitié du poids = 1 kg (+ 1kg) = 2 kg.

22. 5. (6 + 8) – 9

23. U (AbCdeFghjJklmnOpqrstU)

24. La case 8 est incorrecte et doit être remplacée par la case B.

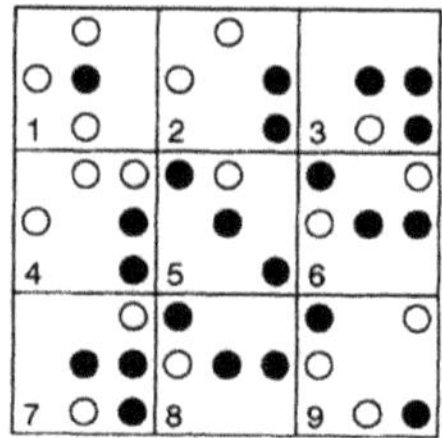

25. B. De façon à ce que chaque ligne droite reliée à trois cercles contienne les trois différents types d'étoiles.

www.ingramcontent.com/pod-product-compliance
Ingram Content Group UK Ltd.
Pitfield, Milton Keynes, MK11 3LW, UK
UKHW021043220726
13924UKWH00006B/2236

9 782212 564082